徐静 姚冠新 戴盼倩 王琳芝◎著

农业品牌建设理论与江苏实践

NONGYE PINPAI JIANSHE LILUN YU

JIANGSU SHIJIAN

中国财经出版传媒集团

经济科学出版社
Economic Science Press

图书在版编目（CIP）数据

农业品牌建设理论与江苏实践／徐静等著．--北京：
经济科学出版社，2022.6

ISBN 978 - 7 - 5218 - 3766 - 7

Ⅰ.①农…　Ⅱ.①徐…　Ⅲ.①农产品 - 品牌战略 - 研
究 - 江苏　Ⅳ.①F327.533

中国版本图书馆 CIP 数据核字（2022）第 108283 号

责任编辑：崔新艳　胡成洁
责任校对：杨　海
责任印制：范　艳

农业品牌建设理论与江苏实践

徐　静　姚冠新　戴盼倩　王琳芝　著
经济科学出版社出版、发行　新华书店经销
社址：北京市海淀区阜成路甲 28 号　邮编：100142
经管编辑中心电话：010 - 88191335　发行部电话：010 - 88191522
网址：www. esp. com. cn
电子邮箱：espcxy@ 126. com
天猫网店：经济科学出版社旗舰店
网址：http：//jjkxcbs. tmall. com
北京季蜂印刷有限公司印装
710×1000　16 开　13 印张　200000 字
2022 年 9 月第 1 版　2022 年 9 月第 1 次印刷
ISBN 978 - 7 - 5218 - 3766 - 7　定价：60. 00 元
（图书出现印装问题，本社负责调换。电话：010 - 88191510）
（版权所有　侵权必究　打击盗版　举报热线：010 - 88191661
QQ：2242791300　营销中心电话：010 - 88191537
电子邮箱：dbts@ esp. com. cn）

　　本书受扬州大学出版基金、国家自然科学基金项目（72103178）和中国工程院战略研究与咨询项目（2021 - XZ - 30）资助。

前　言

　　品牌化是农业现代化的标志，是转方式、调结构的重要抓手，也是提升农产品市场竞争力的重要举措（刘文军，2018）。无论是经济全球化、"一带一路"倡议背景下的外在环境发展需求，还是国内消费结构升级、生活质量和农产品质量提升的内在环境需求（李春霞，2017），都推进了农业品牌化的进程。农业品牌建设不仅是品牌强农、乡村振兴和全面小康如期实现的重要途径，也是实现农业对外贸易繁荣和打造农业特色品牌的根本策略。但由于我国农产品生产主体多、规模不足，所生产的农产品功能属性相同、差异化小（王卫卫等，2021），建设农业品牌十分困难。加之实践领域缺乏科学的理论指导，中国农产品品牌建设面临的发展不平衡不充分问题日益凸显（董亚宁，2021）。2022 年的中央一号文件《中共中央 国务院关于做好 2022 年全面推进乡村振兴重点工作的意见》，再次指出开展农业品种培优、品质提升、品牌打造和标准化生产提升行动。可见，党和政府对农业品牌建设给予了高度重视。农业品牌建设在当今大环境下具有重要的现实意义。

　　2020 年 5 月课题组受江苏省政府研究室委托承接了决策咨询研究重点课题"推进江苏农业品牌强省建设思路与对策研究"，开题后即刻开展政策调研，在了解了江苏农业品牌建设基本状况后，选择苏中、苏南和苏北的四个典型市进行实地走访，召开多场座谈会进行深度访谈，并同步进行理论和文献研究。此外，作者在主持中国博士后基金（2019M661960）的研究过程中也系统收集了不少相关文献资料和实践案例，通过对国内外农业品牌相关研究的梳理，不难发现农业品牌研究还处于宏观研究向微观研究的过渡阶段，整体偏宏观和定性。研究内容上以农业品牌发展策略、品牌农业的延伸及标准化建设、农业品牌知识产权和标识保护、农业品牌的形象设计、农业品牌建设的功效、农业品牌价值、经济和强度评估、农业品牌资产、社交媒体对农业品牌和消费者的媒介联系作用、农业品牌与农业景观管理的协同、农业品牌发展的影响和驱动、农业雇主品牌研究等为主。总体而言，相关的比较借鉴和针对特定地区农业品牌建设实现模式的具体研究较少。那么农业品牌建设的理论意义是什么？一个成熟或者成功的农业品牌的打造需要具备哪些基本要素，是否存在一般的可供借鉴的农业品牌建设模式？品牌建设到底会不会影响农业企业的经营绩效，在多大程度上影响农业企业的经营绩效？带着这些问题，笔者及课题组成员在对国内外典型案例进行详细调查梳理的基础上，开展了本次理论和实践探索。

课题组的实地调研工作受到新冠肺炎疫情和高校教学期间疫情管理制度等外在环境的影响，实地调研主要在江苏省内进行，省外其他地区的资料主要由二手资料整合而成，少量由课题组成员参加研讨会等活动获取。作为全国经济发达省份，近些年江苏省农业农村厅等相关部门在农业品牌建设方面投入了大量精力，一方面由政府部门牵头创立了不少农业新品牌，如水韵苏米、宿有千香等；另一方面由江苏省农业农村厅主导举办了"品牌兴农、营销富民"系列农业品牌宣传活动，这些品牌建设举措取得了一定的社会反响，但是否具有可推广性，真实效果如何？这是本书试图揭示的另一个问题。

受限于研究者的理论水平，本书若有疏漏之处，敬请同行不吝批评指教，作者邮箱 xujing_sxy@ yzu. edu. cn。在书籍成稿之际，特此感谢江苏省人民政府研究室、江苏省农业农村厅相关部门和各市农业农村局及相关部门领导对研究调研提供的大力支持，感谢浙江大学黄祖辉教授、扬州大学苏中发展研究院院长陆建飞教授、扬州大学商学院秦兴方教授、徐金海教授和薛庆根教授等提出的宝贵意见，感谢课题组蒋义刚老师，博硕士研究生边晓雨、范雪茹、陆一轩、汪思婷、喻凯欣、黄青霞、陈彤、杨妍、周嘉忱和蔡佳佳等在调研、数据处理和格式修订等方面做出的大量工作。

徐静
2022 年 3 月

目　　录

第一章　引　言

第一节　研究背景、目的和思路

一、研究背景

（一）政策背景

品牌化是农业现代化的标志，是转方式、调结构的重要抓手（刘文军，2018）。农业品牌建设不仅是品牌强农、乡村振兴和全面小康如期实现的重要途径，也是经济全球化和"一带一路"倡议背景下实现农业对外贸易繁荣和打造农业特色品牌的根本策略。2012年9月，李克强总理在达沃斯论坛上提及品牌竞争力；次年12月，习近平在中央农村工作会议上指出要大力培育食品品牌。随后，党和政府对于农业品牌建设给予了高度重视（表1-1）。如2018年6月，农业农村部《关于加快推进品牌强农的意见》，提出加快构建现代农业品牌体系；2018年9月，中共中央、国务院印发《乡村振兴战略规划（2018—2022年)》，提出培育提升农业品牌；2019年2月，农业农村部、国家发展改革委、科技部、财政部、商务部、国家市场监督管理总局、国家粮食和物资储备局制定了《国家质量兴农战略规划（2018—2022年)》，进一步落实质量兴农战略；2020年2月6日，新华社发布中央一号文件《中共中央国务院关于抓好"三农"领域重点工作确保如期实现全面小康的意见》，指出打造地方知名农产品品牌。至2022年的中央一号文件《中共中央 国务院关于做好2022年全面推进乡村振兴重点工作的意见》，指出开展农业品种培优、品质提升、品牌打造和标准化生产的"三品一标"

提升行动。可见，农业品牌建设在当今大环境下具有重要的现实意义。

表1-1   党和政府关于农业品牌建设的相关内容

时间	内容
2012年9月	李克强总理在达沃斯论坛上提出：在扩大内需和对外开放中，中国企业必然会形成一批源自本土的、有竞争力的品牌
2013年	中央一号文件明确：增加扶持农业产业化资金，支持龙头企业建设原料基地、节能减排、培育品牌
2013年12月	习近平在中央农村工作会议上指出：要大力培育食品品牌，让品牌来保障人民对质量安全的信心
2014年5月	习近平在河南考察时提出：推动中国制造向中国创造转变，中国速度向中国质量转变，中国产品向中国品牌转变
2014年12月	李克强总理指出：要引导农民瞄准市场需求，适应消费者选择，增加市场紧缺和适销产品生产，大力发展绿色农业、特色农业和品牌农业
2015年	中央一号文件指出：大力发展名特优新农产品，培育知名品牌；建立农业科技协同创新联盟，依托国家农业科技园区搭建农业科技融资、信息、品牌服务平台
2015年3月	李克强总理在国务院常务会议上强调：中国制造今后要包含更多中国创造因素，更多依靠中国装备、依托中国品牌，推动中国制造由大变强
2015年7月	习近平在吉林考察时提出：中国有13亿人口，要靠我们自己稳住粮食生产。粮食也要打出品牌，这样价格好、效益好
2018年6月	农业农村部《关于加快推进品牌强农的意见》，提出加快构建现代农业品牌体系
2018年9月	中共中央、国务院印发《乡村振兴战略规划（2018—2022年）》，提出培育提升农业品牌
2019年2月	农业农村部、国家发展改革委、科技部、财政部、商务部、国家市场监督管理总局、国家粮食和物资储备局制定了《国家质量兴农战略规划（2018—2022年）》，进一步落实质量兴农战略
2020年2月	中央一号文件《中共中央国务院关于抓好"三农"领域重点工作确保如期实现全面小康的意见》，指出打造地方知名农产品品牌
2022年2月	中央一号文件《中共中央 国务院关于做好2022年全面推进乡村振兴重点工作的意见》，指出开展农业品种培优、品质提升、品牌打造和标准化生产提升行动，推进食用农产品承诺达标合格证制度，完善全产业链质量安全追溯体系

资料来源：根据《关于加快推进品牌强农的意见》《乡村振兴战略规划（2018—2022年）》等相关资料整理获得。

（二）实践背景

作为沿海经济强省和农业大省，江苏农业基础条件好，农产品品类多、品牌多，但江苏的农业品牌没有实现有效整合，没有形成有影响的品牌，缺乏国内国际知名的农业品牌企业和产品。根据 2019 年中国区域农业品牌影响力排行榜（110 强），山东省以 20 个区域品牌名列第一，福建省以 11 个品牌名列第二，浙江、四川各 10 个品牌名列第三，江苏居其后。显然，江苏农业品牌建设情况与其经济大省地位不相称。具体而言，一是江苏农业产业内品牌没有实现有效整合。以葡萄产业为例，江苏有上百个葡萄企业品牌，同时又有"大唐葡萄""丁庄葡萄""白兔葡萄"等区域品牌，同质化竞争激烈。二是江苏特色农产品多、各地区都有不同的特色农产品和特色农业，但围绕某个特色农产品未形成集群化、规模化和产业化的大企业集群。三是地区产业间品牌缺乏协同发展意识。以扬州为例，虽然高邮咸鸭蛋、宝应荷藕和扬州老鹅等主导产业各自都形成了区域公用品牌，但推广分散，未形成合力，整体知名度低。四是农产品品牌与其他产业融合发展程度低。如在农业内部种养结合、农业＋旅游业、农业＋教育和农业＋工业等领域产业融合发展深度不够。五是农业品牌建设和管理部门分割及政策体系不完善。虽然江苏在全国发展领先，有品牌农业建设的意识和发展规划，但在政策层面上地区差异大，农业品牌建设和管理涉及的部门多、行业多、政策支撑体系不完善，缺少不同地区、不同种类农业品牌打造的具体思路和对策，没有破解农业品牌战略实施过程中的关键问题。

（三）研究背景

2020 年课题组承接了江苏省政府研究室决策咨询重点课题"推进江苏农业品牌强省建设的战略思路与对策研究"，通过对国内外农业品牌建设相关研究的梳理发现，目前学界对农业品牌的研究多以宏观视角切入，微观研究的系统性和整体性又难以兼顾。研究内容涵盖了农业品牌发展策略、现状、问题、战略（Lin X, et al., 2017；崔茂森，2010；沈翠珍，2007；王丽杰，2014）、农业合作社实施质量计划

（Kontogeorgos A，2012）、农业品牌知识产权和标识保护（徐洪军，2014；喻建中，2004；徐洪军，2019）、农业品牌的形象设计（孟媚，2019）、农业品牌价值、经济和强度评估（郭倩倩等，2015；哈丹·卡宾等，2012；Kery A M，2019）、农业品牌资产（Aadil Wani，2018；BOZGĂ I，2016）、社交媒体对农业品牌和消费者的媒介联系作用（Campbell J M，2017）、农业品牌与农业景观管理的协同（Hecke E V，2012）、农业品牌发展的影响和驱动（Oliva E，2012；Jun Sato，2017）、农业雇主品牌的人力研究（Hana U，2017）等。总体而言，相关的深度访谈调研、比较借鉴和针对特定地区农业品牌打造具体路径的研究较少。

二、研究目的

（1）从理论上厘清农业品牌建设的内涵、发展趋势及宏观政策要求，深化品牌农业发展理论，完善农业品牌建设的理论基础和制度逻辑。

（2）根据国内外文献分析、数据收集和实地调查访谈，分析江苏农业品牌强省建设现状，总结江苏农业品牌强省建设的困境，并分析问题成因；明确江苏农业品牌强省建设内在需求、现实条件，提出江苏农业品牌强省建设的发展要求。

（3）总结发达国家（地区）的农业品牌建设实践和典型案例，提炼国内外发达地区的农业品牌建设先进经验。结合江苏农业品牌建设实践，借助扎根分析等探索性研究挖掘农业品牌建设的影响因素，揭示农业品牌建设的一般实现模式。

（4）通过对江苏地区的调查，一手资料和二手资料相结合，分析农业品牌建设对农业企业经营绩效的影响机理，从实证角度证实农业品牌建设的经济效益。

（5）通过对江苏农业品牌强省建设现实条件的分析，开展推进江苏农业品牌强省建设的战略思路研究，提出以特色农产品产业融合、农业产业集群与物流业共生发展推动江苏农业品牌强省建设的战略规划总体思路。

（6）针对不同类型、不同区域的农业品牌建设和发展实践提出具体发展实施方案和总体发展对策建议，促进江苏农业品牌市场竞争力的提升和农业品牌强省建设。

三、研究思路

本书按照"理论分析→现状调查→经验借鉴→实证分析→对策建议"的研究思路，首先从农业品牌建设的一般理论入手，结合江苏农业品牌建设实践，通过质性研究方法分析了农业品牌建设的概况、主要问题、影响因素和一般实现模式等，然后借助数理统计方法进行了农业品牌建设对农业企业绩效影响的实证分析，最后提出了推进江苏农业品牌建设的总体思路和对策建议。具体技术路线如图1－1所示。

本书的主要研究方法如下。

（1）文献分析法。本书对中国知网和Web of Science中与农业品牌建设相关的文献进行了详细梳理，系统收集了相关的报纸、新闻报道等资料，为研究的开展奠定理论基础。

（2）调查研究法。包括问卷调查、访谈调查和实地观察等调查方法。课题组制定了详细的调查方案，在江苏省农业农村厅和市农业农村局的协助下实地走访调研，获取了大量一手数据资料。

（3）扎根分析法。扎根理论研究方法（Grounded Analysis）是一种质性研究方法，直接从实际观察入手，从原始资料中归纳出经验并上升到一般的理论。作者基于本书调查获取的访谈资料，进行了扎根分析，以此获取农业品牌建设的主要影响因素。

（4）定性比较分析法。定性比较分析方法（Qualitative Comparative Analysis，QCA）是1987年由查尔斯·拉金引入社会科学领域的定性和定量分析相结合的研究方法，较为适合跨案例研究。本书借助定性比较分析方法探索农业品牌建设的一般路径和实现模式。

（5）统计分析法。主要应用于第六章品牌建设对农业企业经营绩效影响的实证分析，包括数据包络分析模型（DEA）、多元线性回归模型和结构方程模型等研究方法，通过统计分析揭示品牌建设对农业企业经营绩效的影响机理和显著性水平。

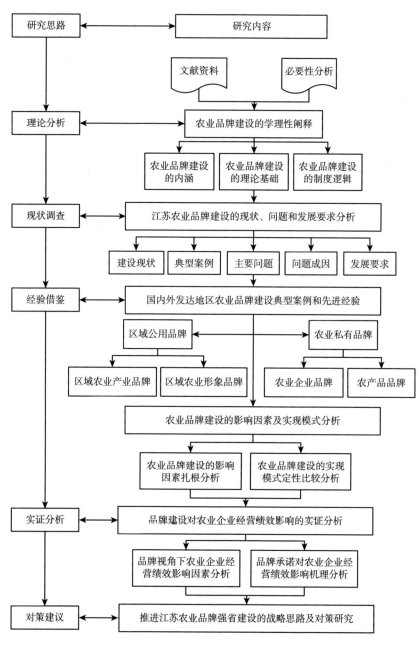

图 1-1 研究技术路线

第二节　农业品牌建设的必要性分析

一、农业高质量发展和乡村振兴要求打造农业品牌

习近平总书记在党的十九大报告中指出，中国经济已由高速增长阶段转向高质量发展阶段。在高质量发展阶段，处于国民经济基础地位的农业，必须以供给侧结构性改革为主线，坚持实施质量兴农战略，坚定不移走质量兴农之路（王可山等，2020）。与此同时，党的十九大报告中提出的实施乡村振兴战略的"二十字"方针，即"产业兴旺、生态宜居、乡风文明、治理有效、生活富裕"。其中，产业兴旺是乡村振兴的经济基础，而农业品牌建设是农村产业发展的灵魂，围绕农业品牌建设农业全产业链，可以推动农村一二三产业融合，带动农民增收。因此，在乡村振兴的大背景下，促进农业高质量发展，以质量兴农、以绿色富农、以品牌强农是当前急需完成的任务，亟须打造一批有影响力、有特色的农业品牌。

二、消费结构升级和城乡一体化建设呼唤品牌农业建设

随着经济发展水平的提高，居民的消费结构正在发生变化，国家统计局中国经济景气监测中心主任潘建成提出我国城乡居民的消费结构正在由生存型消费转向发展型消费、由产品消费转向服务消费、由物质消费转向精神消费、由规模化标准化消费转向个性化品质化消费、由忽视资源节约和环境保护的消费转向更加生态、绿色、安全的消费。① 这些趋势反映到农产品的需求层面就是，居民对农产品的需求从"有没有"逐渐过渡到"优不优""好不好"，对生态、安全、优质和口感良好农产品的需求越来越多。但是由于农产品的质量具有隐蔽性，消费者难以通过观察和触摸来直观地判断所购买的农产品到底好不好，

---

① 潘建成. 顺应消费结构升级趋势［EB/OL］. 中国政府网，http：//www. gov. cn/zhengce/2016 - 11/29/content_5139163. htm? trs = 1.

这样一来品牌作为产品质量的信用背书，便拥有了生存的土壤。总而言之，品牌农业作为传统农业向现代农业过渡的支点，本质上弥补了供需双方的信息不对称，是一种关于农产品质量的信用承诺，以品牌建设为纽带，引导小农户向规模化、企业化转型，对于吸纳农村剩余劳动力、带动农村居民消费观念转变、推进农业产业化和农村现代化发展作用显著，而这些正是城乡一体化建设的着力点。

三、疫情常态化背景下农业品牌是解决滞销建立消费信任的关键

新冠肺炎疫情发生之前，中国就时常曝出生鲜农产品"卖难买难""两头叫、中间笑"事件，这本质上是一种供需不对称问题，究其原因，其中既有生产因素也有物流因素，但农产品电子商务的发展通过"去中介化"和扩大消费半径，为缓解这些问题提供了一个出路。2019年底新冠肺炎疫情发生以后，病毒不断变异迭代、此起彼伏，疫情防控逐渐常态化，受物资封锁、人员足不出户、餐馆关门和消费者信任问题等多重因素影响，农产品局部滞销问题发生频率更高。为了给滞销农产品找销路，农产品电子商务和直播带货等场景消费增多。然而，农产品电子商务也存在一些痛点，甚至比实体销售更困难，因为买卖双方的异步交易模式，农产品看得到摸不着，卖贵了消费者不想买不敢买，担心遭遇"卖家秀买家秀"产品名不符实问题，卖便宜了消费者又担心质量不过关，即信任无法很好地建立，那么解决这其中消费信赖问题的关键便是建立农产品品牌。

第三节　农业品牌建设功效的再思考

一、农业品牌是现代农业发展的重要抓手

我国的农业发展经历了供给不足、供需基本平衡到供给过剩等几个阶段。在农业生产过剩阶段，农产品市场竞争愈加激烈，品牌建设成为农业高质量发展的重要抓手。因此，在高质量发展阶段，处于国

民经济基础地位的农业，必须以供给侧结构性改革为主线，坚持实施质量兴农战略（王可山等，2020）。可以说农产品生产过剩时期，农产品销售是买方市场，市场营销必不可少，品牌农业时代已经到来，以质量兴农、以绿色富农、以品牌强农是当前急需完成的任务，亟须打造一批有影响力、有特色的农业品牌。

二、做好农业品牌是国家治理能力现代化的体现

农业品牌建设具有一定的特殊性，尤其是区域公用品牌的建设需要政府、行业协会和市场各主体的多方参与。不同参与主体的利益诉求不同、任务目标不同，能否实现政府、协会和市场主体的"三位一体"，是国家治理能力和治理体系现代化在农业领域的现实表达形式。

三、农业品牌是"小农"衔接现代农业的有效路径

品牌农业发展过程中的一个典型模式是"企业＋合作社＋农户"模式，其中企业或合作社通过统购统销、制定标准化生产流程、提供技术指导等方式带动小农户开展标准化生产融入现代农业，其对传统小农具有包容性，是解决农业现代化、规模化"大"生产与分散化、无组织"小"农户经营矛盾的路径之一。

四、农业品牌是消费升级对农产品市场的迫切要求

随着经济发展水平的提高，我国居民对生态、安全、优质和口感良好农产品的需求越来越多。品牌作为传统农业向现代农业过渡的支点，本质上弥补了供需双方的信息不对称，使得小农户向规模化、企业化转型，对于吸纳农村剩余劳动力、带动农村消费观念转变、推进农业产业化和农村现代化发展作用显著。

五、建设农业品牌有利于提升地方名气

区域农业品牌建设不仅能够带动产业规模扩大、提高农产品质量，进而带动地方经济发展，还能通过品牌溢出效应提升地方名气，如寿

光蔬菜、六鳌蜜薯、五常大米等。通过地方农业品牌发展塑造良好地方形象，递出城市名片。

第四节　国内外农业品牌相关研究现状及发展趋势

为了解国内外农业品牌的相关研究情况，以"agricultural brand"（农业品牌）为主题在中国知网和 Web of Science 进行检索，对研究情况概述如下。

首先，从知网发文量来看，关于农业品牌的研究可以追溯到 20 世纪 90 年代，随后逐渐增多，到 2017 年前后达到一个小高峰，当年发文 381 篇，且截至 2022 年 3 月，研究热度一直不减，共检索出 3310 篇文献。但发文质量整体不高，仅有核心期刊 266 篇，中文社会科学引文索引 86 篇，EI 期刊论文 2 篇。从主题分布来看（见表 1-2），关于农业品牌的研究主题相对集中，频数超过 100 的分别有农业品牌、农产品、品牌建设和品牌农业，关于农产品区域公用品牌的研究相对较少，但关注度处于上升趋势。

表 1-2　　　　　　　　　主要主题分布　　　　　　　　单位：次

主题词	频数	主题词	频数
农业品牌	351	三品一标	42
农产品	166	区域公用品牌	41
品牌建设	162	创意农业	37
品牌农业	121	河南省	37
乡村振兴	89	打造品牌	32
农业品牌化	88	农业供给侧结构性改革	32
农产品品牌	87	特色品牌	31
休闲农业	80	现代农业	31
农产品品牌建设	75	农业标准化	29
品牌战略	71	乡村振兴战略	29

主题词	频数	主题词	频数
品牌化	64	农业产业化	28
产业化	53	河北省	28
特色农产品	49	高质量发展	27
现代农业发展	48	农业部	25
区域品牌	42	农产品区域公用品牌	25

资料来源：通过在中国知网和 Web of Science 进行主题检索整理获得。

其次，从作者和机构分布来看，关于农业品牌的研究以农业经济的学者为主，其中浙江大学、中国农业大学、云南农业大学、青岛农业大学、浙江农林大学和福建农业大学的发文量相对靠前。

一、农业品牌建设的重要性

农业品牌化是农业产业化、现代化发展的重要抓手，也是提升农产品市场竞争力的重要举措（徐良等，2015；梁乐，2015）。无论是经济全球化、"一带一路"倡议背景下的外在发展需求，还是国内消费结构、生活质量、农产品需求质量的内在环境需求（李春霞，2017），都推进了农业品牌化的进程。从农业品牌建设的历史起源来看，改革开放后，中国人民逐渐解决温饱问题，粮食等农副产品产量连年增长，对农业发展的关注点逐渐由数量过渡到质量，人民对农产品的追求也从吃得饱变成了吃得好。因此，品牌培育成了现代农业发展的重要抓手。国家从 2002 年开始实施了优势农产品区域布局规划，并启动了"三品一标"认证体系，一批农业品牌应运而生。从农业品牌建设的功效来看，首先，建设农业品牌有助于降低农产品推介成本，提升政府形象和国家形象（张可成等，2009）。其次，发展品牌农业能够带动农业标准制定与实施从而提高农产品质量（谢向英，2009），通过价值提升可以促进农民增收，并实现农业价值链重塑（Minten B，2013），最终提升农产品市场竞争力（Alemu G M，2019）。此外，农业品牌的建设还有利于农业生产向优势区集中，推动农业规模化和产业化发展，提升农业经营效率（Shubhangi Salokhe，2017；Singh B，2016）。最后，建设农业品牌可以满足消费者对农产品安全、好吃和营养的高层次需要，有利于保障人民生活质量和生命健康（张玉香，2014）。

二、农业品牌建设的问题研究

通过认真的梳理，笔者将农业品牌建设的问题整理如表 1-3 所示。

表 1-3 农业品牌建设的问题总结

分析角度	问题
理论层面	学界对农业品牌内涵和外延理解不统一，在一定程度上还存在着概念混用的情况。如此一来，到底怎么建设农业品牌，既形成了理论丛林，也缺乏可靠的依据
实践层面	品牌农业起步晚、基础差，地区发展不平衡、重认证轻培育、假冒伪劣屡禁不止和诚信、规模及技术不足，品牌农业认识误区导致的定位不清，品牌意识弱重视度不够，品牌农业市场竞争力不强、缺少监管，规模小经济效益低，技术含量低、转化增值能力弱，品牌建设管理不力导致的地理标志品牌滥用和品牌市场培育滞后，消费者品牌忠诚度不足、生物特性制约、品牌的产业链条短和自主创新能力不足导致的恶性竞争，农业品牌信誉保障机制不完善等

资料来源：笔者自制。

从理论层面，通过农业品牌的研究历史脉络来看，对农业品牌的界定涵盖了农业产业化品牌、地区特色品牌农业、农业产品品牌、农业品牌、农产品品牌（董亚宁，2021）、农业企业品牌（吴伟生，2021）、绿色品牌、基于农业产业集群的区域品牌、农业产业化企业品牌、农业集群品牌（康传志，2020）、高端特色品牌农业、农业区域品牌（刘维尚，2021）、农业园区品牌、休闲农业品牌、农业龙头企业绿色品牌、农业产业链品牌、农产品区域品牌、农产品地理标志品牌（肖人荣，2021）、农业连锁品牌（孙丽丽，2021）和基于农业产业链的农产品品牌（李建军，2015）等。农业品牌研究主题丰富，一方面反映了农业品牌研究的精细化和纵深化，另一方面反映了学界对农业品牌内涵和外延理解的不统一，在一定程度上还存在着概念混用的情况。如此一来，到底怎么建设农业品牌，既形成了理论丛林，也缺乏可靠的依据。以农业产业集群与农业品牌建设的关系来说，国际经合组织（OECD）将农业产业集群定义为以传统农业为中心，地理临近的、具有共性或互补性的生产、加工企业、机构共同构成的有机整体。国外更倾向于把农业和食品加工企业结合起来定义农业产业集群（黄福江，2016）。国内学者接受度较高的定义为：根据区域化布局、产业化经营、专业化生产的要求，相互独立又相互联系的农户、农业流通企业、农业加工企业等龙头企业在地域空间上高度聚集并发挥相应优势而形成的集合（尹成杰，2006）。学者们认为农业现代化和产业化、乡村振兴、农业供给侧改革、农村经济高质量发展均离不开农业品牌化，而农业品牌化离不开农业产业集群的发展。农业产业集群发展是农业品牌形成和发展的载体与前提条件（王策，2019），农业品牌发展又能反过来驱动农业产业集群的发展，两者具有协同效应。通过梳理相关文献发现对农业产业集群与农业品牌关系的研究主要有三种，分别是以农业产业集群发展促进农业品牌建设（周亦鸣，2015）、以农业品牌战略驱动农业产业集群发展（姚春玲，2014）以及农业产业集群与农业品牌协同发展（易正兰，2009），并通过这三方面的良性反馈实现农业高质量发展。可见，农业产业集群与农业品牌两者的概念内涵密不可分。

从实践层面，农业部张玉香（2014）认为，当前我国农业正处于传统农业向现代农业发展的转型期，农业品牌建设还存在发展不平衡、重认证轻培育、假冒伪劣屡禁不止以及诚信、规模及技术不足等诸多难题，未来必须牢牢把握农业品牌建设的阶段性和规律性，明确发展思路和重点任务，提升农业品牌建设整体质量。另外，也有学者提出，由于品牌农业起步晚、基础差，农业品牌建设的很多问题至今没有厘清，主要集中于品牌观念、政府扶持和监管问题以及品牌市场方面（周千惠，2019）。具体包括：品牌农业认识误区导致的定位不清（万宝瑞，2017），品牌意识弱重视度不够（徐振宝等，2011），品牌农业市场竞争力不强、缺少监管，品牌农业地区发展不平衡，规模小经济效益低，技术含量低、转化增值能力弱，品牌建设管理不力导致的地理标志品牌滥用和品牌市场培育滞后，消费者品牌忠诚度不足、生物特性制约、品牌的产业链条短和自主创新能力不足导致的恶性竞争等

（贾永贵等，2014；徐大佑等，2018）。此外，由于农业品牌信誉保障机制不完善，如何维护品牌信誉也是农业品牌建设面临的一大难题（陈磊等，2018）。学者窦学诚（2021）建立了包括品牌构成、品牌目标、品牌定位、品牌营销和品牌支撑5个维度在内的农业科技园区品牌建设绩效指标体系，以天水国家农业科技园区品牌体系的建设为例，发现其建设绩效仍有待提高。

三、农业品牌建设的影响因素研究

由于学界对农业品牌的内涵理解不统一，对农业品牌建设影响因素的分析也出现分化，除了概括性的农业品牌建设影响分析外，还涉及农业集群品牌的影响因素、农业企业品牌的影响因素及区域公用品牌等多个角度。朱洪云（2020）认为农业生产能力的形成，主要是依靠多要素投入的集聚效应，因此以农业品牌建设的自然环境、物质投入和社会投入要素作为自变量，以农业产出量作为因变量，建立柯布—道格拉斯函数对淮安市建设农业品牌的影响因素进行了分析。张月莉（2013）以黑龙江寒地黑土品牌为例，应用扎根理论对农业集群品牌营销成功的关键影响因素进行了分析，建立了基于学习型地域网络（资源禀赋、吸聚机制、市场环境、资源流入）、价值链体系（产业集聚、竞合机制、创新机制、利益联结、体系建设）和农业集群品牌战略（保护伞效应、品牌战略规划、产权制度安排、品牌识别系统等）的影响因素理论模型，且进一步分析发现，农业资源禀赋直接作用于价值链体系建设，价值链体系在农业集群品牌提升中是中介因素，政府引导与服务、行业协会推动是调节因素（张月莉，2015）。林德荣（2012）以烟台苹果为例，对农产品区域公用品牌建设的影响因素分析发现，政府政策和行为、协会的沟通协调能力、专业合作组织成熟度、企业家能力、农户意愿和能力、品牌科技实力和技术推广能力、品牌系统内部成员的利益分配机制是影响农产品区域公用品牌建设和成长的主要因素。具体到企业品牌方面，谭娴（2020）通过对西南边境地区农业企业品牌的研究提出，质量与品质、服务与信誉、技术创新、营销与市场推广、政府支持等是西南边疆地区农业企业品牌建设的主要影响因素。在整个区域农业产业品牌的建设过程中，消费者是品牌创建的源点，竞争对手是品牌建设的外驱力，政府是产业品牌的规划者，农产品产地是产业品牌发展的基石，产业自律组织是品牌发展的推动者，龙头企业是农业产业品牌发展的引擎（向明生，2015）。显然，从已有文献来看，虽然关于农业品牌建设影响因素的文献研究数量不多，但在内容上已经呈现出两条较为清晰的路线：一个是要素投入视角，另一个是参与主体视角。

四、农业品牌建设的对策研究

为了发展农业品牌，学者们提出了品牌农业战略，并将品牌农业战略发展作为克服农业产业衰退的必要途径，强调政府对当地品牌农业战略落实的支持作用（杨玉成，2016），主张以市场导向、资源依托、环境友好、科技支撑和动态发展的原则（冷志明，2004），推动区域农产品牌的规模化、合法化和农业品牌认证体系的完善，促进品牌农业的延伸及标准化建设（陆国庆，2002；阎寿根，2000），提出要挖掘区域特色资源，培育知名品牌；加强品牌管理，推进品牌质量建设；促进品牌营销，提升品牌影响力；扶持品牌经营主体，提高品牌竞争力（叶慧，2021）等多个措施。具体可以概述如下：一是从政府维度，明确政府在品牌农业建设中的关键性作用，如完善法律标准体系、开展全程质量监管认证、加大政策扶持、建设生产示范基地和培养高端农产品品牌等（Manuel González-Díaz，2003；万宝瑞，2017；章军，2007）；二是从经营主体维度，鼓励挖掘产品特色、重视品牌命名、吸收科技成果转化、从事规模化经营和融合新技术等（严先锋，2017；张文超，2016；吴群，2018）；三是从市场维度，要健全农业品牌市场、培育绿色消费理念和优质优价管理等（Innes B G，2008）；四是从技术维度，包括以农业品牌产业的数字化转型、农业品牌文化的数字化建构以及农业品牌数字化人才的培养来推动农业品牌的数字化发展（赵敏婷，2021），以及建立健全农业品牌传播的软硬件基础设施，借助新媒体技术建设农业品牌等（冯琨，2021）。这些研究为农业品牌的建设提供了坚实的理论基础，具有参考价值。

五、研究评述

鉴于农业品牌建设对提高农产品竞争力、保障农产品质量安全和农民增收就业等方面的重要性，国内外学者围绕农业品牌已经开展诸多研究，这些研究为本研究的开展提供了重要基础。从中国农业品牌发展的基本面来看，中国地域辽阔，地区差异巨大，东中西部地区、南北地区、城乡之间资源禀赋和经济发展水平差异大，不同地区农业品牌的建设水平和发展阶段存在较大的差异性。因此，本书聚焦于江苏，主要的考虑是，江苏作为东南沿海经济强省和长江中游下游农业强省，是有名的江南水乡、鱼米之乡，其在消费习惯、消费者成熟度、自然禀赋和制度设计方面既有中国的一般性，又具有自身特点。由于城市化水平较高，江苏的农业用地面积相对较少，即农产品供给量受限，而消费人口聚集，消费市场对高端优质农产品的需求大，呈现需求驱动供给的趋势，因此江苏既有打造农业品牌的动力也有品牌营销的能力。那么，如何立足江苏实际，探索科学合理的农业品牌建设方案仍是一个有待完成的艰巨任务，值得进一步深入调研。

第二章 农业品牌建设的学理性阐释

第一节 农业品牌的内涵

一、农业和品牌

(一) 农业的作用

农业是利用动植物生长规律，通过人工培育获得产品的产业，它是国民经济建设和发展的基础。根据农业产出产品的特性，可分为商品产出和非商品产出两大类，即农业除了提供食品、纤维等商品产出的经济功能外，还具有与农村环境、农村农业景观、生物多样性、农村生存与就业、食品质量卫生、国家粮食安全保障、农村农业文化遗传以及动物福利等非商品产出相关的环境和社会功能（陈秋珍等，2007）。根据农业的发展历史，中国农业经历了原始农业、古代农业、近代农业和现代农业四个主要阶段，其中生产力的发展起到决定性作用。随着现代技术进步，美国经济学家舒尔茨提出了"改造传统农业理论"，认为传统农业不具备稳定增长能力，实现农业的稳定增长就要将传统农业改造为现代农业，推动农业现代化。而农业的现代化必然离不开品牌打造。

(二) 品牌的内涵

自 20 世纪 50 年代"品牌"概念被正式提出以来，对于品牌的关注热度始终未减。那么品牌究竟是什么？有学者提出，品牌的本质涉及了品牌的内涵、外延、属性、功能 、效应、分类及时空等多方面

（张锐等，2010）。从品牌内涵的发展历程来看，人们对品牌内涵的认识大体经历了物质化、人格化和复合化三个此消彼长的阶段，不同学科对品牌的定义也有差异（见表2-1）。随着品牌内涵的扩展，对品牌外延的思考则涉及被品牌化的具体事物，从大的纵深角度包括宏观层面的区域、国家、城市、地方、产业和社区品牌，以及微观层面的社会组织、个人和产品品牌等，从横向内容协同角度涉及故事、事件、活动、技术、概念和思想品牌6个主要方面。

表2-1 品牌的内涵：本质特征及专业领域

范畴	关键词	本质特征及其表述	专业领域
品牌是物	名称、语言	品牌是一种名称或语言活动	语言学
	特色、产品	品牌是一种特色、亮点、益处或产品	推销学
	标志、设计	品牌是一种标志（色、图、字等物）或设计	艺术设计学
	符号、象征	品牌是一种象征、符号或符号系统	符号学
	组合、区分	品牌是一种名称、术语、标记、符号、设计或其组合	市场营销学
	商标、产权	品牌是指商品的牌子和商标或知识产权	法学
	资产	品牌是一种资产，一种动态的资产	会计学
	认知	品牌是消费者或公众对产品、名称或组织感受的总和	心理学
	信息、媒介	品牌是一种信息或消费者回忆的媒介	信息学
品牌是人	灵魂、生命	品牌是一个有灵魂的生命体	宗教神学
	生命、肉体	品牌是一个有生理的演进实体	仿生学
	故事、传承	品牌是一种创业史、故事或文化的传承	历史学
	情感、人格、认同	品牌是一个可感知、映射个性的存在	心理学
	角色、关系	品牌是一种顾客、供应链或利益相关关系	社会学
	口碑	品牌是一种口碑	新闻传播学
	体验	品牌是指一种体验	神经生物学
	文化、品位	品牌代表的是一种文化、意义或品位	文化学
	联结、媒介	品牌是产品、符号、企业和利益相关者之间的一种联结和媒介	信息学
	文化、差异	品牌体现了价值观、态度和文化的差异	人类学
	完整、统一	品牌是完整的"人"	人学

范畴	关键词	本质特征及其表述	专业领域
品牌是人与物统一的运动体	承诺、品质	品牌是一种承诺、品质保证或风险减弱器	质量管理
	组织	组织就是品牌，品牌就是组织	组织理论
	协同、进化	品牌是一种生态关系	生态学
	权益、过程	品牌是一种权益、活动或过程	管理学
	协调、沟通	品牌是一种行动的一致协调	领导科学
	资源、方法	品牌是一种资源配置的方法或原则	经济学
	差异、价值	品牌是一种差异、定位或价值链	战略管理
	和谐、平衡	品牌是一种平衡	政治学
	行为、认知	品牌是公众对组织所有行为的印象感受	心理学

资料来源：张锐，张炎炎，周敏．论品牌的内涵与外延［J］．管理学报，2010，7（1）：147－158.

二、农业品牌和品牌农业

（一）农业品牌

品牌理论在农业领域的具体体现，就是本研究所说的农业品牌。农业品牌是一个较大范畴和内涵丰富的概念（胡晓云，2018），直观认识就是对农产品产地、农业企业或农产品的物化设计、标识、符号和名称等，深度理解还包括客户体验、客户交互和客情维系等复合化感知。从纵深角度看，农业品牌囊括了区域公用农业品牌（如区域农业产业品牌和区域农业形象品牌）和农业企业私用品牌（如农业企业品牌、农产品品牌及其子母品牌组合）等两个方面（任荣，2012）。就农业品牌的打造方式而言，当前实践领域的主要做法包括挖掘地方农业特色（本土化），做好横向的协作内容因素，如讲好地区农业故事或企业故事、策划农业品牌营销事件或活动以及引进先进农业技术塑造农业稀缺资源等，即在特色（比较优势）的基础上建立农业品牌，建成的农业品牌包括公用品牌、私有品牌及其二者的结合。

（二）品牌农业

笔者在文献梳理过程中发现，部分学者将农业品牌与品牌农业混用。实际上，品牌农业是指通过打造知名农业企业或农产品品牌和进行品牌营销，利用品牌溢价效应最大限度提升农产品的附加值，以此确保农户获取更大经济效益的一种现代农业发展模式（王中等，2009）。品牌农业的建设包括三个要件：一是要拥有具备自我知识产权的优质农产品品牌；二是要包含完整的标准体系内容；三是若为区域品牌农业还应具有统一的区域性支柱产业与龙头品牌，且区域品牌的使用具有准入门槛（干经天等，2003）。2020 年底习近平总书记在中央农村工作会议上提出，要推动品种培优、品质提升、品牌打造和标准化生产，为品牌农业发展指明了方向。

第二节　农业品牌建设的理论基础

一、农产品区域品牌理论

（一）区域品牌

早在 20 世纪 80 年代，就有国外学者提出了区域品牌这一概念，然而研究的重点多集中在案例分析上，理论研究落后于实践，但随着学者们研究逐步深入，对于区域品牌的概念内涵、基本属性等也逐步完善。泽波·瑞尼斯特（Seppo K Rainisto，2003）认为区域品牌是指某一区域根据其自身独特的吸引力构建的区域识别系统，这个系统也是区域品牌的核心。京特·沙梅尔（Guenter Schamel，2000）则认为区域是一个由名称、标识、声誉等因素构成的集合，向消费者提供区域内的产品。2000 年后，国内的学者也逐渐开始关注这一研究对象，众多学者对区域品牌的概念进行界定。区域品牌有时也被称作"区位品牌"或"区域产业品牌"，比较具有代表性的解释是：区域品牌是指在一定地区内形成的，具有一定规模和影响力，由区域为名的品牌（洪文生，2005）；或者说是由地域名和该地区特定的产品名或产业名构成的，形成一个可以代表整体产业所有行为的集体品牌（胡大立，2006）。吴程彧（2004）认为区域品牌体现的是消费者对这类产品的认可，是众多企业共同努力的结果，提到该区域，消费者就可以联想到对应产品。李启庚（2011）则提出品牌是一种无形资产，依靠的是消费者对其的印象，可以充分利用地区所拥有的历史人文资源，赋予品牌独特的标识，从而实现商品的增值或溢价。

总而言之，区域品牌的出现多是以"区域名＋产业名/产品名"的形式出现，代指某一特定区域内具有一定规模和市场竞争力的产品，并为该区域内所有生产该商品的商家所共同拥有和使用，同时品牌拥有者也可以通过标记把产品的有效信息传递给消费者，从而促使消费者购买此类产品，是区域内产业、产品、企业或服务等品牌集体行为的综合体现，具有较高的整体形象。

（二）农产品区域品牌概念

农产品区域品牌理论则是由区域品牌理论与农业发展相结合从而衍生出来的新理论。沈鹏熠（2011）认为农产品区域品牌是指在特定的地理环境中，依靠其自身的资源禀赋，借助种植、养殖或农产品加工等条件，经过长时间沉淀、积累，逐步被消费者接受认可，从而具有一定的知名度和影响力的农产品标识。胡正明（2010）指出区域品牌需由"区域名＋产品名"构成，包含区域、产品、品牌三要素，依靠无法替代的自然资源所发展起来的地方农产品或其加工产品才可以称为"区域品牌"。区域品牌国外有智利辣椒、华盛顿苹果、荷兰郁金香，国内有五常大米、赣南脐橙、涪陵榨菜等。农产品区域与农产品两者紧密相连，区域的特殊性也赋予了农产品独特的价值，当两个相同的农产品同时置于市场，有农产品区域品牌的将必定比普通农产品更具有优势。而我国广阔的地域面积、多样的地形地貌、复杂的气候变化也使得我国具有非常丰富的农产品种类，独特的日照、土壤、水质等也会直接影响农产品的品质，同一个农产品在不同的地区都会形成不同的特色。独特的历史文化传承或者多年流传下来与众不同的种植或加工方式也都会促进农产品区域品牌的诞生。区域农产品具有的自身独特性，也使得对区域农产品品牌的针对性研究格外具有现实意义。

（三）农产品区域品牌特性

农产品区域品牌是地域性和产业特色性的结合，是长时间积累和沉淀的结果。因此，农产品区域品牌具有以下特性：区域特性、品牌特性、公共品特性、外部性（郝鑫，2015）。

1. 区域特性

农产品对区域资源具有很强的依附性，区域内独特的自然资源，以及气候、水源、土壤等自然条件的变化都会对农产品的特色产生很大的影响，从而形成鲜明的地域特征。结合市场上现有的农产品品牌，我们也可以看到很鲜明的地域特色，蕴含区域地理环境、自然资源、人文历史等特征，许多著名的区域农业品牌都有鲜明的地域标签，一旦失去这个标签，农产品也就失去了特色。区域标签一旦形成，将大大增强该地区农产品的品牌竞争力。

2. 公共品特性

农产品区域品牌是由地方政府、行业协会以及经营企业等涉及农产品生产经营多方共同创造的，他们都是农产品区域品牌的经济主体，共同享有农产品区域品牌的所有权、使用权等。农产品区域品牌作为一个共有资源，供农产品相关经营者们无偿使用，有效降低经营者开拓市场时所面临的风险，但也会造成经营者们安于现状的风气，不利于品牌的进一步建设。

3. 外部特性

外部性是农产品区域品牌的一个典型特性，也称溢出效应。外部性分为正外部性和负外部性两个方面。正外部性主要体现在，当区域内部分经济主体对该农产品区域品牌做出贡献时，比如向消费者提供高质量的产品提高顾客的满意度，或对品牌产品做营销提升品牌的知名度等，可以使整个品牌下的所有经济主体共享经济收益。反之，区域内的部分经济主体做出有损品牌形象的行为，对区域内其余所有从事该农产品区域品牌的经营者都会造成损失，即负外部性。

4. 品牌特性

品牌作为一种商业名称和标志，主要作用是为了和其余销售者的产品进行区分，增强顾客的辨识度。品牌特性则主要体现在三个方面。一是可以有效保护生产经营者的合法权益，当遇到侵权行为时，可以走法律途径维护自己的合法权益。二是作为一种有效的推销手段，简单明了的商标品牌更便于顾客记忆，正向的品牌印象将促进消费者在众多商品中做出选择，熟悉的品牌更有利于激发消费者的购买欲望。三是树立企业形象，品牌是企业形象的体现，是企业精神的凝聚，一个优质的品牌会为企业树立一个良好的企业形象。

农业品牌既包括区域品牌也包括企业品牌，本研究根据农产品区域品牌理论对区域品牌的界定，科学选取调研案例，从产权属性划分寻找农业品牌建设的一般模式，提出要正确把握农业品牌建设的五大关系。因此，农产品区域品牌理论对指导本研究的开展有重要意义。

二、农业产业集群理论

产业集群是一种世界性的经济现象，大量相关企业出于经济效益而集中于某一特定区域，形成的一个类似于生物有机体系统的产业群落（姚春玲，2013）。20世纪90年代，有关产业集群的研究成果不断涌现，产业集群理论的应用范围和领域也在不断拓展。随着农业产业化和农业现代化的发展，学者们开始将产业集群理论和农业生产相结合，并应用于农业经济相关问题的研究，农业产业集群理论在产业集群的基础上不断完善。学者们认为农业产业集群是以传统农业为中心，联合大量互补的专业性企业和机构，由农民、企业和市场形成密集的灵活网络合作组织（曹立群，2017）。农业产业集群模式最显著的特点就是地理上集中。其次，大量的企业和机构形成的灵活专业的网络合作组织可以有效提高区域竞争力。在竞争的背景下，企业不断进行技术的革新，形成一个积极的创新环境，众多企业在不断合作与竞争中形成一个稳定的互补市场，从而达到降低运输成本、提高经济效益、刺激创新、加剧竞争等目的，从而提高整个区域农业产业的竞争力，创造出独特的竞争优势，最终形成一种集群竞争力（姚春玲，2013）。

农业产业集群广泛存在于世界各地，法国有葡萄产业集群、荷兰有花卉产业集群，国内有山东的寿光蔬菜产业集群和云南斗南花卉产业集群，大量案例证明农产品区域产业集群可以有效促进区域农业经济的发展。目前国内对于农业产业集群的研究更偏重理论层面，从定性的角度结合具体案例进行针对性分析。李静通过对安徽茶叶产业集群的研究指出政府是农业产业集群发展和演化的有力支持，集群内累积的社会资本和人力资本可以有效提高农户及农业企业的收入（李静，2015）。陆萍（2015）指出农业产业集群演化、发展既与农业的自然属性和经济属性有关，又与农业技术进步和制度创新以及农业的比较优势和发展阶段有关。史焱文和李二玲等针对山东寿光蔬菜产业集群，从多元关系近邻、异质性资源等多个角度探索影响农业产业集群创新的因素，从地理空间层面探寻农业产业集群创新发展的思路。①② 整体而言，农业产业集群是农产品区域品牌形成的基础，也是增加农产品区域品牌价值，提升品牌竞争力的有效途径。

农产品区域品牌的形成是农业产业集群资源禀赋、企业组织、政府、社会资本等要素协同发展的产物。集群区域品牌建设有助于提升集群竞争优势，推动我国传统农业集群从低层次发展向专业化产业化高层次发展的转变，进而建立区域农业品牌优势，推动全球价值链背景下中国农业产业转型升级（郑风田，2006）。因此，农业产业集群理论对引导农业品牌建设具有支撑作用。

三、农产品品牌竞争力理论

随着农产品品牌这一概念的诞生，在市场经济的作用下，农产品间的竞争已经逐步转化为农产品品牌影响力的竞争。在市场竞争中，没有品牌的农产品明显劣于有品牌的农产品，以樱桃为例，国产山东大樱桃的价格远不如美国进口车厘子，国产红富士苹果几块钱一斤，也远不如日本青森苹果的价格。农产品品牌是消费者与经营者之间沟

---

① 史焱文，李二玲，李小建，娄帆，陈晓燕. 基于 SNA 的农业产业集群创新网络与知识流动分析——以寿光蔬菜产业集群、鄢陵花木产业集群为例［J］. 经济地理，2015，35（8）：114－122.

② 史焱文，李二玲，李小建. 地理邻近、关系邻近对农业产业集群创新影响——基于山东省寿光蔬菜产业集群实证研究［J］. 地理科学，2016，36（5）：751－759.

通的桥梁，消费者在经营者处获得承诺，经营者则通过对品牌合理的定位和广泛的宣传，潜移默化地影响着消费者，使消费者获得品牌归属感和认同感，最终将消费者忠实持续的消费行为转化为品牌的竞争力（陈丽莉，2008）。国内学者在农产品品牌竞争力方面进行了不少探索，莫金玲（2006）认为农产品品牌竞争力是一种能够使企业获得持续市场竞争优势的能力，这种能力可通过赋予农产品品牌名称从而使之与其他非品牌的农产品相区别。王保利等（2007）认为农产品品牌竞争力是指品牌能够展现其良好的产品功能要素、优秀的企业和产品外在形象要素，以及由良好的品牌联想而促进消费者购买的独特能力，这种能力要区别或领先于其他竞争对手。总体而言，农产品品牌竞争力的形成来源于品牌所建立的差别优势，包括企业所具备的良好的资源和素质，提供可以使顾客满意的服务或产品，品牌所携带的良好的信誉和口碑以及一些特有的差异性等，这些要素在长时间的宣传和经营中被顾客感知，进而促发其品牌购买行为，以此形成了品牌的竞争力。

根据学者的研究，对农产品品牌竞争力的特征进行总结。（1）比较性。农产品品牌竞争力是农产品在市场竞争中体现出来的，可以从产品质量、成本价格、市场占比等多方面进行比较，在比较中判断品牌竞争处于优势或劣势。（2）获利性。农产品品牌竞争最根本的目的就是获得经济上的收益。（3）动态性。农产品品牌当前阶段所建立的优势和劣势并不是一成不变的，各种影响因素都会导致优势和劣势之间的互相转化。（4）过程性。农产品品牌的孵化培养、建立、发展直到消亡需要一个完整的时间过程，该过程构成了农产品品牌的整个生命周期。（5）整体性。农产品品牌竞争力是品牌管理部门、产业协会、企业经营主体、农民专业合作社等多方面共同运作的结果，农产品品牌利益相关者互相协作构成一个整体，其中任何一个环节的缺失都会导致农产品品牌竞争力的下降或消失（宋丽影，2013）。从目前的研究来看，关于农产品品牌竞争力形成机理的研究相对较少，对农产品品牌竞争力评价体系进行全面、系统的研究也相对匮乏，研究重心多放在如何提升农产品的品牌竞争力以及如何进行高质量的品牌建设。品牌竞争力的形成不仅受消费者因素的影响，还会受到企业经营能力、产业环境和社会环境及政府扶持力度等方面影响。

农业品牌的打造就是为了形成农产品品牌竞争力，因此从农产品品牌竞争力出发探究农业品牌建设的目标和路径更具针对性和指导意义。

第三节　农业品牌建设的宏观要求

农业及农产品不同于一般工业和消费品，工业品和消费品的生产具有标准化程度高、生产稳定性强等特点，而农业产品的生产标准化程度非常低。一般来说，即使按照同样的生产流程（种植方式、施肥用药节点和数量等完全一致），一棵树上结出的果子也有大有小、有的形状规则有的歪歪扭扭，质量参差不齐。因此，农业品牌的打造相较于工业品品牌的建设更复杂，影响因素更多，内涵更丰富，要求更多样化，产品质量更难以把控，保障条件要求更高。总体而言，按照现代农业发展阶段和消费需求变化特征，农业品牌的建设要满足以下五个基本要求。在这五个要求下打造的农业品牌在当前市场环境下才具有生命力和竞争性（娄向鹏、韩天放，2013）。

（1）生态化。即按照"尊重自然、循环发展、绿色生态"的理念，从事农产品的培育和生产，加工和销售安全、健康、优质和营养的农副产品。

（2）价值化。即引入品牌营销模式，通过品牌定位、产品创新、产品核心价值、品牌（产品）形象设计以及传播推广等手段，提升产业、企业和产品附加值，实现增收增效和可持续发展。

（3）标准化。即引入现代经营管理理念和手段，对农业经营组织的种养、加工过程和环节进行规范化、系统化改造和建设，改变传统农业经营的粗放、随意和人为性，形成可量化、可控制和可复制。

（4）产业化。即实现作为第一产业的农业与第二产业、第三产业高度融合与产业整合，形成完整农业产业链，进行良性联动和互动。

（5）资本化。即根据农业投资风险大、利润回报低、投资周期长、市场前景广的产业特点，积极主动导入现代投资和资本运营理念、模式和路径，用资本的杠杆和力量撬动、助推现代农业跨越式发展。

第四节　农业品牌建设的制度逻辑

一、降低交易成本

根据科斯的交易成本理论，市场交易过程是有成本的，包括信息搜寻成本、谈判成本、契约监督和维护成本等。由于农产品交易过程中，买卖双方关于农产品生产过程和质量的信息是不对称的，为了获取农产品质量信息，消费者往往需要付出较高的信息搜寻成本。而且，当消费者无法判断产品质量的好坏时，不安全产品由于生产周期短、生产成本低、监管处罚难等诸多原因逐渐驱逐良品，作为次品充斥了整个市场（徐静等，2015），此时对于提供高质量产品的组织或个人来讲生存将变得困难（朱纪明、朱纪亮，2012）。对于追求高质量产品的消费者来说，为了获得良好体验，要么追加信息搜寻费用，要么就会因购买劣质产品失去市场信心。对于政府来说，追查无标志且接近完全竞争的农产品责任人的市场监管难度大、成本高，监管易流于形式。那么如何改变这种信息不对称导致的交易成本高昂的状况呢？即进行农业品牌建设。从信号理论的角度解释，也就是说通过可观察的行为（品牌）向市场传递商品价值或质量的确切信息，可以降低买卖双方的信息不对称性，即实现交易成本内部化。因此，进行农业品牌建设是降低交易成本，推进农产品质量提升的一项重要制度建设，有利于整体社会福利的提升。

二、减少不确定性

新制度经济学理论认为，正式制度包括市场制度、组织制度、监督和管理制度，其作用在于创造未能实现的潜在合法利益，同时可以约束、规范市场主体的行为（王晓华，2013）。建设农业品牌强省，从制度层面出发，除了要引导农业品牌群落建设，还要建立正式的规范约束保障机制，这对减少农产品交易不确定性有积极作用。主要表现在三个方面。一是降低农产品生产上下游企业的垄断优势，通过提高农产品品牌溢价来提高农产品生产者抵抗上下游企业机会主义行为的能力，如上游农资生产企业不合理涨价，下游超市或采购集团不合理压价。二是为了生产符合质量标准的农产品，农产品生产者需要增加技术和专用性资产投入，潜在的沉没成本可以减少农产品生产者的违约行为，如只重眼前利益，不按照合同履约临时将产品卖给其他出价高者。三是农业品牌建设的正式制度保障可以增加市场信心，培育农产品品牌市场和消费成熟度，降低需求不确定性。

三、增加规模经济性

根据规模经济理论，在一定的产量范围内，随着生产规模的提高单位生产成本反而下降。尤其是对区域公用品牌而言，区域标签一旦形成，将大大增强该地区农产品的品牌竞争力。地方政府、行业协会以及经营企业作为农产品区域品牌的经济主体，共同享有农产品区域品牌的所有权和使用权，分工合作、各司其职，将大大增加外部规模经济性。同时，区域农产品品牌企业基于对资源的高效利用及相互学习带来经营管理效率的提高，将大大提高其内部规模经济性。农业品牌建设归根结底要靠农业经营主体来实践，而这一过程能否顺利推进，关键在于建设农业品牌带来的超额收益能否达到甚至超过他们的预期，政府的引导扶持在其中发挥着重要作用。

四、改变制度的成本-收益结构

改变制度的成本-收益结构的目的在于降低制度变迁成本及优化现有利润分配（王晓华，2013）。传统农产品供应链模式下，农产品生产者很难公平分享供应链收益。而农业品牌建设的主要作用是为了和其余销售者的产品进行区分，增强顾客辨识度。然后以客户为抓手，获得更多的供应链利益分成。其实施的关键包括两个方面：一个是制度，另一个是技术。其中，技术可以降低制度变迁成本，提升制度创新的效率和效果。开展农业品牌建设，赋予农产品品牌特性，一是通过正式制度规制可以有效保护生产经营者的合法权益，当遇到侵权行为时，可以走法律途径维护自己的合法权益。二是作为一种有效的推销手段，简单明了的商标品牌更便于顾客记忆，正向的品牌印象将促进消费者在众多商品中做出选择，体验良好的品牌更有利于激发消费者的购买欲望。三是树立企业形象，一个优质的农业品牌可以树立一个良好的农业区域或企业形象，使其更易于获得市场青睐（胡正明，2010）。

第三章 江苏农业品牌建设的现状、问题和发展要求分析

第一节 江苏农业品牌建设现状

一、农业品牌建设成效初显

（一）品牌价值和影响力显著提升

到 2020 年为止，在江苏省政府对农业品牌的高度关注下，江苏省品牌价值和影响力显著提升。2019 年 11 月 15 日，第十七届中国国际农产品交易会在南昌举办。展会期间，"中国农业品牌目录 2019 农产品区域公用品牌"评审结果在中国农业品牌建设高峰论坛（主论坛）中公布，江苏共有 12 个区域公用品牌首次入围（表 3 - 1），占全国的 4%，位居全国第一。一些本地品牌诸如盱眙龙虾、射阳大米、海门山羊、长荡湖大闸蟹、洞庭山碧螺春、洪泽湖大闸蟹、宜兴红茶、溧阳青虾、靖江香沙芋、如东狼山鸡、东台西瓜、丁庄葡萄等榜上有名。[①]

中国农产品市场协会组织中国农业大学等单位选取中国农业品牌目录（2019）农产品区域公用品牌中的 100 个品牌，开展了公益性的价值评估和影响力指数评价工作。评估和评价选取的品牌涵盖十大类农产品，在各产业类别中具有较强的代表性。如表 3 - 1 所示，在品牌价值评估榜单中，江苏省盱眙龙虾、洪泽湖大闸蟹、洞庭山碧螺春、

---

① 该品牌目录采用的是申报评审制度，其他诸如阳澄湖大闸蟹、阳山水蜜桃等优质品牌在省内知名度甚至一度高于部分上榜品牌，但由于在江苏省内品牌知名度高，产品供不应求，对申报品牌目录不够重视，并未参与申报，因此没有见诸目录。

海门山羊等 4 个品牌价值评估分别达到 228.30 亿元、154.28 亿元、44.29 亿元、27.31 亿元，各品牌价值均比以往有了较大幅度的提升。水产类榜单中，只有江苏省有两个区域公用品牌上榜，其中，盱眙龙虾品牌价值在水产类榜单中居第 3 位，洞庭山碧螺春品牌价值位于茶叶类第 3 位。如表 3－2 所示，在品牌影响力指数榜单中，盱眙龙虾、洪泽湖大闸蟹、洞庭山碧螺春、海门山羊等品牌影响力指数分别为 84.779、78.325、71.531、71.299，其中盱眙龙虾在水产类中居第 2 位。

表 3－1　　　　2019 年中国农产品区域公用品牌（第一批）价值评估榜单

行业类别	省（区、市）	申报品牌	评估结果（亿元）
水产	辽宁省	大连海参	267.47
	湖北省	潜江龙虾	238.77
	江苏省	盱眙龙虾	228.3
	江苏省	洪泽湖大闸蟹	154.28
	广东省	斗门白蕉海鲈	28.55
	黑龙江省	连环湖鳙鱼	12.99
茶叶	河南省	信阳毛尖	64.86
	云南省	临沧普洱茶	62.22
	江苏省	洞庭山碧螺春	44.29
	浙江省	安吉白茶	43.27
	安徽省	六安瓜片	33.96
	湖南省	安化黑茶	33.16
	福建省	武夷山大红袍	30.47
	贵州省	湄潭翠芽	29.79
	广西壮族自治区	横县茉莉花茶	27.95
	江西省	婺源绿茶	22.6
	湖北省	恩施硒茶	20.88
	重庆市	永川秀芽	19.37
	安徽省	滁州滁菊	13.57

行业类别	省（区、市）	申报品牌	评估结果（亿元）
畜禽	宁夏回族自治区	盐湖滩羊肉	70.62
	陕西省	富平奶山羊	62.91
	吉林省	双阳梅花鹿	59.22
	四川省	南江黄羊	41.85
	内蒙古自治区	科尔沁牛	39.62
	重庆市	荣昌猪	36.81
	青海省	大通牦牛	28.29
	江苏省	海门山羊	27.31
	甘肃省	天祝白牦牛	19.36
	青海省	互助八眉猪	17.31
	江西省	宁都黄鸡	15.72
	河南省	郏县红牛	10.25
	西藏自治区	帕里牦牛	10.02

资料来源：根据"中国农业品牌目录2019农产品区域公用品牌（第一批）价值评估榜单"整理获得。

表3-2　　2019年中国农产品区域公用品牌（第一批）影响力指数榜单

行业类别	省（区、市）	申报品牌	影响力指数
水产	湖北省	潜江龙虾	87.754
	江苏省	盱眙龙虾	84.779
	辽宁省	大连海参	78.914
	江苏省	洪泽湖大闸蟹	78.325
	广东省	斗门白蕉海鲈	70.906
	黑龙江省	连环湖鳙鱼	69.234
茶叶	浙江省	安吉白茶	90.122
	河南省	信阳毛尖	85.363
	安徽省	六安瓜片	79.707
	贵州省	湄潭翠芽	76.788
	湖南省	安化黑茶	76.299
	云南省	临沧普洱茶	75.657
	江西省	婺源绿茶	74.943

行业类别	省（区、市）	申报品牌	影响力指数
茶叶	湖北省	恩施硒茶	71.833
	江苏省	洞庭山碧螺春	71.531
	重庆市	永川秀芽	70.901
	福建省	武夷山大红袍	69.076
	广西壮族自治区	横县茉莉花茶	67.527
	安徽省	滁州滁菊	60.541
畜禽	宁夏回族自治区	盐湖滩羊肉	83.806
	吉林省	双阳梅花鹿	81.689
	重庆市	荣昌猪	80.968
	陕西省	富平奶山羊	77.815
	青海省	大通牦牛	74.689
	江西省	宁都黄鸡	74.302
	四川省	南江黄羊	73.978
	青海省	互助八眉猪	72.01
	江苏省	海门山羊	71.299
	内蒙古自治区	科尔沁牛	68.186
	河南省	郏县红牛	63.914
	甘肃省	天祝白牦牛	60.814
	西藏自治区	帕里牦牛	60.312

资料来源：根据"中国农业品牌目录2019农产品区域公用品牌（第一批）影响力指数榜单"整理获得。

江苏省内一些地市总体的农业品牌建设也已取得初步成效，具备了一定的价值和影响力。例如盐城市射阳海河西葫芦、裕华大蒜等6个产品获农业部农产品地理标志认证，大纵湖大闸蟹、阜宁大糕、建湖青虾等32个品牌被认定为国家地理标志证明商标。江苏射阳大米集团再次入围"中国百佳粮油企业"，其"谷投味道"牌射阳大米荣获"中国十佳粮油优质特色产品"，"鲜之都·盐都"农产品区域公用品牌正式启用，"盐都草莓"品牌价值达7.1亿元。[①]

① 资料数据来源《盐城市"十四五"乡村产业规划纲要》。

（二）国家级特色农产品优势区数量领先

2019 年，农业农村部、国家林业和草原局等九部门遴选出了第三批中国特色农产品优势区。如表 3-3 所示，江苏省 4 个县区成功申报中国特色农产品优势区，在申报成功的优势区数量上仅次于广西壮族自治区，这 4 个特色农产品优势区分别是兴化市兴化香葱、无锡市惠山区阳山水蜜桃、溧阳市溧阳青虾以及宝应县宝应荷藕。至此，江苏累计已有 11 个国家级特色农产品优势区，数量居全国前列。

表 3-3　　　　　中国特色农产品优势区统计（第三批）　　　　单位：个

省（区、市）	优势区数量	省（区、市）	优势区数量	省（区、市）	优势区数量
广西壮族自治区	5	吉林省	4	湖南省	1
江苏省	4	辽宁省	3	宁夏回族自治区	1
四川省	4	安徽省	3	上海市	1
山西省	4	浙江省	3	北京市	1
黑龙江省	4	内蒙古自治区	3	甘肃省	1
山东省	4	福建省	3	新疆生产建设兵团	1
贵州省	4	河南省	2	西藏自治区	1
河北省	4	重庆市	2	天津市	1
湖北省	4	江西省	2	海南省	1
陕西省	4	青海省	2	新疆维吾尔自治区	1
广东省	4	云南省	1	—	—

资料来源：根据农业农村部《中国特色农产品优势区名单（第三批）》整理获得。

（三）品牌农产品种类较全

据统计，截至 2018 年，全省无公害、绿色、有机农产品总数已达 1.8 万个，居全国首位，农产品地理标志产品 34 个，江苏名牌农副产品 200 多个，[①] 品牌农产品种类基本覆盖了所有农业产业领域，取得了显著的经济和社会效益。

江苏省各地市均有较有竞争力的特色农产品。例如，苏州市的地

————————

① 由课题组收集的调研材料整理获得。

理标志性农产品有阳澄湖大闸蟹、碧螺春茶、洞庭碧螺春茶、太湖大闸蟹、东山湖羊等，尤其是大闸蟹闻名遐迩，主要分为阳澄湖大闸蟹（含巴城阳澄湖大闸蟹）和太湖大闸蟹；无锡市则是果品地方特色明显，全市拥有阳山水蜜桃、璜土葡萄、大浮杨梅、马山杨梅、大浮醉李等知名果业品牌，其中阳山水蜜桃先后获得了"中国名牌农产品""国家地理标志""中国驰名商标""地理标志农产品""中国重要农业文化遗产"等国家级称号；常州市主要培育了5个农产品区域公用品牌，分别是长荡湖大闸蟹、溧阳青虾、天目湖白茶、金坛雀舌、阳湖果品，到2019年底，常州市拥有有效期内的"二品"企业160家，产品总量达374只，其中绿色食品企业142家，产品251只，有机农产品企业18家，产品123只；南通市的区域公用品牌有海门山羊、如东狼山鸡、海安大米；淮安市的特色农产品区域公用品牌包括"淮味千年"、盱眙龙虾、洪泽湖大闸蟹、淮安大米、淮安红椒等；徐州市的"大沙河"富士苹果、牛蒡、"邳州"白蒜，"新沂踢球山"硬溶水蜜桃、"徐薯"紫薯、"华升"面粉等一批名特优农产品驰誉国内外；盐城市有地理标志农产品11个，中国驰名商标11个，地理标志证明商标42个；扬州市全市"二品一标"总数达364个，其中绿色食品185个，有机食品174个，农产品地理标志5个；连云港市形成了以东海西红柿、灌云芦蒿、灌南食用菌为代表的蔬菜品牌，以谢湖大樱桃、石梁河葡萄、黄川草莓、双店百合、云台茶叶为代表的林果类品牌，以花果山风鹅、板浦香肠、东海老淮猪为代表的畜禽品牌；宿迁则有"宿有千香"这一市级农产品区域公用品牌，地理标志登记保护农产品共有24个。[①]

二、农业品牌保障机制渐备

（一）政府层面高度关注

在政府层面上，江苏省委省政府高度重视农业品牌建设。2018年江苏省委一号文件中就针对品牌农业建设提出了相关要求，包括：

---

① 数据由课题组收集的调研材料整理获得。

实施农业品牌强农行动；打造一批有影响力的"苏"字号区域公有品牌、知名企业品牌和名特优农产品品牌等。过硬的品质是品牌建设的基础，政府对于农产品质量安全监管体系和标准化生产的重视是保障农业品牌建设的关键。2020年江苏省委一号文件再次提出：要完善农产品质量安全监管体系，规模以上农业生产主体可追溯率达80%以上；强化标准引领，加强单品类区域公用品牌培育。2018年以来，江苏省农业农村厅制定的绿色优质农产品基地建设等规范性文件，全部经过合法性审查并及时报备，对外签订的经济合同也经过法制审查。

（二）标准化规范初步建立

目前，江苏积极推进农业标准化示范区建设，提高农业标准实施水平。到2017年底，江苏建成永久性"菜篮子"标准化生产基地达十万余公顷，畜牧生态健康养殖场3000多家，农产品定期抽检合格率多年保持较高水平（周荣荣，2018）。一些地市推进标准化进程的工作也取得了一定成果，根据2020年对各市农业农村局的调研结果，淮安市新增高标准农田2万公顷，全市总面积达到33.7万公顷，占比约为67%，改造标准化生态鱼池0.13万公顷，开展标准化生态健康养殖普及行动，畜禽生态健康养殖比重达80%；盐城市拥有国家级绿色食品标准化原料生产基地5个，创建部级畜禽标准化养殖示范场总数达25个，数量全省最多；无锡市推进池塘标准化改造333公顷；苏州市2019年已完成标准化改造池塘面积4000多公顷；常州市金坛区渔业科技示范基地被评为首批001号"中华好蟹标准化养殖示范基地"；南通全市已建立16.67万公顷水稻永久性生产基地和6万多公顷全国绿色食品原料标准化生产基地；宿迁市2019年度全市标准化果蔬种植面积达11.97万公顷，创建省级园艺作物标准园101个，认定宿迁市标准化果蔬基地14个，改造完成标准化蟹池0.77万公顷，建成标准化健康养殖示范基地7个。[①]

① 数据由课题组收集的调研材料整理获得。

（三）质量安全监管严格

在农产品生产源头管理方面，政府严格投入品行政许可审批，完善农药、兽药、饲料及饲料添加剂等农业投入品的生产经营使用全程监管体系，净化农产品生产源头。在农产品质量安全抽检方面，2019 年，江苏食品生产监督检查系统已采集全省所有企业的基本数据及监督检查数据，电子追溯系统覆盖 30 大类食品、2536 家企业，乳制品、白酒、食品添加剂、食盐四类生产企业 100% 覆盖，食用植物油生产企业 73.4% 覆盖、肉制品生产企业 60.5% 覆盖。江苏绿色产品、有机农产品数量居全国前列，总数近 3600 个，全省 2019 年绿色优质农产品比重达 67.4%，比上年度提高 9.6 个百分点。① 2019 年，江苏全省市场监管部门查处各类食品安全违法案件 1.3 万件、罚款 2.25 亿元，公安部门侦破食品安全犯罪案件 875 起。全省地产农产品质量安全例行监测合格率达 99.6%，全省连续多年未发生重大食品安全事故，农产品质量安全稳中向好。②

（四）追溯体系较为完善

江苏全省培育了 8 个千亿级特色产业，推动农业生产全程标准化、全域绿色化和规模生产主体追溯全覆盖、监管全覆盖。2019 年，全省共有 1.5 万个可溯源农产品市场主体，累计出具追溯标签 409.8 万张次。南京市采取补助形式推动农产品质量追溯监管，该市按照全省追溯"一张网"要求，推进农产品从田头到市场的全程质量追溯监管，实现省、市、区追溯信息互联互通，对纳入省追溯平台监管的示范主体每个给予 2 万元补助。2019 年，南京市有 1039 家规模生产经营主体纳入国家和省级追溯平台管理。③

三、品牌建设支撑基础渐稳

（一）装备物质水平有保障

农业机械化和农机装备是提高农村生产力的重要基础，是品牌建

---

① 资料来源于《江苏省"十三五"农业现代化发展回顾》。
② 江苏省人民政府 http：//www.jiangsu.gov.cn/art/2020/3/13/art_60095_9009952.html.
③ 江苏省人民政府 http：//www.jiangsu.gov.cn/art/2020/5/14/art_60096_9114676.html.

设的重要支撑。在政府的关注和推动下，2018 年，江苏全省农机总动力达 5017.7 万千瓦，相比 2013 年增加了 13.9%。农村水电站个数为 30 个，水电站发电量达 8915 万千瓦时，相比 2013 年增加了 76.9%。农村全社会用电量为 1933.1 亿千瓦时，相比 2013 年则增加了 131.2 亿千瓦时。2016 年农业机械净值为 406.90 亿元，比 2011 年多出 153.95 亿元。2020 年，全省农机总动力有望超过 5100 万千瓦，农作物耕种收综合机械化率达到 75%，其中主要粮食作物耕种收综合机械化率达到 93%，设施农业、畜牧养殖、水产养殖、果茶和农产品初加工机械化取得明显进展。[1]

江苏省培育了环太湖及长江沿线高端农机装备产业、徐连大型农机装备和新型耕作机械、苏中小型智能农机和零部件、淮扬现代渔业机械等一批区域特色鲜明的"专、精、特、新"农机装备产业集群，打造江苏国际农机品牌，推进农机装备产业创新。整合农机示范推广资金 5100 多万元，设立 56 个项目支持智能农机、果蔬菜茶生产、水产畜禽养殖等技术装备的集成创新。在省级农业"云平台"建设项目中，设立农机化管理、决策和服务"一张图"，着力建设农机智慧化管理服务新平台。其中，盐城市农机装备发展在江苏省内尤为瞩目，其农机购置补贴资金连续五年全省最多，粮食生产从种到收基本实现农业机械化，全市农业机械化水平达 88%，成为全国唯一的"平安农机示范市"。[2]

（二）规模化程度加强

产业化、规模化是现代品牌农业发展的重要基础之一。江苏省在 2019 年畜禽养殖标准化示范创建活动中，有三家养殖场通过了省级遴选、部级专家审查及评审，被确定为 2019 年农业农村部畜禽养殖标准化示范场（见表 3 - 4）。

---

[1] 根据江苏省农业农村厅数据测算而来。
[2] 资料数据来源《盐城市"十四五"乡村产业规划纲要》。

表3-4　　2019年农业农村部畜禽养殖标准化示范场名单

省份	畜种	单位名称
江苏	蛋鸡	南通天成现代农业科技有限公司
	蛋鸡	江苏鸿轩生态农业有限公司（第一养殖基地）
	奶牛	华夏畜牧兴化有限公司

资料来源：根据《2019年农业农村部畜禽养殖标准化示范场》整理获得。

2020年5月15日，农业农村部公示评审通过认定的第二批国家区域性良种繁育基地，江苏省泗洪县、沛县，以及白马湖农场、东辛农场进入拟认定名单，这是江苏省首次有常规稻麦和蔬菜繁种大县和农场被认定为国家区域性良种繁育基地。其中，泗洪县、白马湖农场、东辛农场获得常规稻繁种基地认定，东辛农场获得小麦良种繁育基地认定，沛县获得蔬菜（辣椒）繁种基地认定。财政资金、社会资本向优势良种繁育基地集聚，可以有效推动提升全省良繁基地的机械化、规模化、集约化、标准化和信息化水平，打造江苏优质基地品牌。总体而言，江苏省各地规模化进程不断推进，如表3-5所示，一些地市农业合作社和家庭农场数量都已粗具规模。

表3-5　　　　部分地市农业合作社、家庭农场数量　　　　单位：家

市	农业合作社	家庭农场
徐州	13912	11148
淮安	9665	5648
无锡	3449（市级以上）	942（市级以上）
扬州	2650	3031
宿迁	7880	5864
常州	3467	2234
盐城	超过1万	5424
南通	5572	4226

资料来源：由课题组收集的调研材料整理获得。

以盐城市的规模化程度为例，其产业集聚度特色化进一步彰显，在江苏省内具有一定代表性。2019 年底，全市农业总产值达 1128.1 亿元，农业增加值 662.6 亿元，较 2015 年年均增长 4.88%，占地区生产总值 11.62%；全市粮食、蔬菜、家禽、生猪、林业、水产等主导产业实现"双百亿"规模，培植了东台西瓜、射阳大米、阜宁生态猪等 30 多个 10 亿元级的规模优势产业，建有百万亩优质粳稻、百万亩优质蔬菜、百万亩精品瓜果、百万亩海水养殖、百万亩淡水养殖、百万亩特经（特色经济作物）和千万头生猪养殖等优质农产品生产供应基地，粮食、肉、蛋、水产品的产量分别占全国总量的 1.2%、1%、2.92%、1.93%；建成上海市外蔬菜主供应基地 37 个；全市有农业产业化龙头企业 1692 家，其中国家级农业产业化重点龙头企业 7 家、省级 82 家、市级 297 家，省级以上农业龙头企业数全省第一，农产品加工业产值突破 2500 亿元；建成农业产业化联合体 60 个，其中 19 个被省农业农村厅认定为省级示范农业产业化联合体。①

（三）资金扶持力度较大

自 2017 年，江苏省财政每年安排专项资金 1500 万元用于蔬菜主产区开展绿色防控，每年安排 3500 万元用于水稻病虫专业化统防统治用工补贴。无锡市对特色农产品产业如水蜜桃扶持力度较大，锡山区政府分三年（2017~2019 年）拨款 5000 万元专项资金扶持水蜜桃产业提升。其他地市如南京、苏州、盐城等地也安排专项资金，重点扶持水稻病虫专业化统防统治和蔬菜病虫绿色防控。

其中，南京市级财政每年安排 2000 万元，重点扶持消化本地原材料开展农产品加工、带动销售当地农产品和促进当地农民就业增收的农业龙头企业。南京还将投入 2.5 亿元设立"南京市扶持新型农业经营主体贷款风险补偿基金"，完善"金陵惠农贷"政策性优惠贷款业务。对在本地建立原料基地、利用本地原材料开展农产品加工、招用本地农民工、带动农民增收显著的市级以上农业龙头企业，其贷款额度由 400 万元调整到 600 万元。新型农业经营主体贷款贴息制度

①　数据由课题组收集的调研材料整理获得。

方面，设立新型农业经营主体贷款贴息专项资金 1500 万元，对在本地建立原料基地、利用本地原材料开展农产品加工、招用本地农民工、带动农民增收显著的市级以上农业龙头企业申请的涉农贷款，按照向商业银行支付利息的补贴标准从 40% 调整为 50%，最高不超过 40 万元。①

徐州市财政下达农业品牌奖励资金 384 万元，对 2019 年新获得的地理标志证明商标、绿色农产品证书、有机农产品证书企业进行奖励。2018 年，市政府印发了徐州市农业品牌建设三年计划，计划用三年左右时间，集中力量培育一批市内知名、省内著名、全国驰名以及具有国际影响力的农业品牌。为推动全市农业品牌战略的全面实施，强化政府公益服务，市财政每年安排专项资金支持农业品牌建设，主要用于农业品牌的培育打造、申报创建和宣传推介。2019 年，徐州市新获得地理标志证明商标 3 个、绿色农产品证书 128 个、有机农产品证书 26 个，分别比 2018 年增加 1 个、87 个和 16 个，奖励资金增加 230 万元，为徐州市农业品牌培育、发展营造了良好环境。②

第二节　江苏农业品牌建设的典型案例

为了了解江苏省内农业品牌建设整体情况，课题组分两路分别对苏南的苏州和苏北的盐城、徐州进行了调研，汇总后调研了苏中地区的扬州，掌握了众多案例资料，接下来选取部分典型案例，为解剖江苏农业品牌建设提供实证经验。

一、苏南地区：以苏州为例

对苏州区域农业产业品牌和农业企业品牌中的代表性案例梳理如表 3-6 所示。

---

① 数据由课题组收集的调研材料整理获得。
② 江苏省财政厅 http://czt.jiangsu.gov.cn/art/2020/3/30/art_7941_9027067.html.

表 3 - 6　　　　　　　　苏州农业品牌建设微案例

品牌		代表企业	品牌基本情况	品牌发展优势与不足
区域农业产业品牌	洞庭山碧螺春	苏州东山茶厂股份有限公司	产品：碧螺春，色泽碧绿，形似螺旋，产于早春。清代康熙视察时赐名；1971 年基辛格访华时，周总理以碧螺春作为国礼相赠 荣誉：2011 年，洞庭山碧螺春手工制作技艺列入国家级非物质文化遗产名录；2019 年，洞庭山碧螺春（茶）被农业农村部等 7 部委认定为中国特色农产品优势区	品牌优势：坚持手工制作，高超的炒茶技艺可用于宣传；文化底蕴深厚，康熙赐名，得益于当地自然环境，茶叶有鲜爽回甘的特点 品牌不足：采茶制茶年轻人少，劳动用工困难，技艺传承困难；品牌保护不到位；宣传推广力度不足
	阳澄湖大闸蟹	苏州市阳澄湖苏渔水产有限公司	产品：阳澄湖大闸蟹有着与众不同的四大特点，一是青背，二是白肚，三是黄毛，四是金爪，阳澄湖蟹爪金黄坚挺有力 荣誉：中国十大名蟹、全国知名大闸蟹十佳名优品牌；入选 2019 年"中国农产品百强标志性品牌"	品牌优势：生长环境得天独厚，口感优；阳澄湖大闸蟹智慧监管平台即将建设完成，蟹的质量有保障；品牌体系成熟，知名度高 品牌不足：品牌保护难度大，假冒产品多
农业企业品牌	勤川米业	勤川现代农业科技有限公司	产品：2012 年 5 月成立，主要产品为"勤川"系列品牌香米，品种涵盖"秋优金丰""苏香粳""南粳46"等，大米颗粒大小均匀、色泽亮丽、口感香糯、品质纯正 荣誉：2014 年苏州名牌产品、江苏好大米银奖、苏州市农业产业化龙头企业、苏州名牌产品、3A 级资信企业、绿色食品证书	品牌优势：业务范围覆盖一二三产业；标准化建设取得一定进展；建立了产品的质量可追溯系统；已有较为成熟的电商销售模式 品牌不足：专业对口的农业人才紧缺；设施农用地功能受限；缺乏扶持
	神园葡萄	张家港市神园葡萄科技有限公司	产品：2003 年 3 月成立，年生产获得"绿色食品认证"及"中国GAP认证"的优质葡萄 2000 吨，研发了美人指等葡萄新品种 荣誉：2004 年 12 月"神园"被评为"江苏省名牌"称号；2010 年12 月被评为苏州市十大农产品商标。公司产品自 2001 年起，已获得省内外的各类金奖 50 多个	品牌优势：公司在葡萄品种研发方面投入力度大；公司商超、线上销售渠道都具备 品牌不足：土地流转协议即将到期，续约存在一些挑战；自己开设店铺成本过高，难以运营

资料来源：课题组调研材料梳理后获得。

苏州作为工业强市发展农业品牌的初衷。苏州是江苏经济最发达地区，在江苏率先发展中有一马当先的责任，市农业农村局相关领导认为苏州在农业品牌建设和率先发展中也要有所担当，建设农业品牌自然责无旁贷。因此，2017年农业品牌支农等正式写入规划，首批拨款150万元开始试水农业品牌建设，为了建设农业品牌，苏州市政府在品牌农业提升的每一个环节都设立了引导资金。课题组通过对农业农村局的访谈了解到，苏州土地面积8000多平方公里，其中1/3是水面，在5300多平方公里的陆地面积中，农作物种植面积约11.45万公顷。在这样的体量下，苏州农业要参与市场竞争必然选择高端路线，打造农业品牌。目前，在苏州已有悠久历史且知名度较高的农业产业品牌中，洞庭山碧螺春和阳澄湖大闸蟹是典型代表；农业企业品牌中勤川米业和神园葡萄均在当地有一定口碑效应。

（一）洞庭山碧螺春[①]

通过对四个农业品牌调研材料的梳理发现，虽然洞庭山碧螺春在中国名茶中一直享有盛名，但实际规模不大，生产方式传统，采茶工人劳动成本较高，外地工人一般包吃住和往返路费，工资结算方式采用的是计件制，每斤茶叶110元左右，一个熟练工每天可采摘2.8斤左右，还要担心采茶工人的安全问题（凌晨1∶30到2∶00采茶工人头戴矿灯开始采茶，茶山路况不好）。洞庭山碧螺春主打手工茶，工艺要求高，从业人员老龄化，目前以东山茶厂的规模最大，据当地茶艺师严大师介绍，洞庭山碧螺春的定价略低于西湖龙井，一级茶每斤只有5800元左右。因此，从总体发展情况看，洞庭山碧螺春无论是在规模上还是在定价上都不敌西湖龙井，东山茶厂负责人回忆洞庭山碧螺春最辉煌的时候，大概在2000年到2010年之间，因为可以用80摄氏度水冲泡的特点，洞庭山碧螺春登上了南极科考站（当地为"雪龙号"赞助了价值300万元的碧螺春茶叶），联想到2020年茶叶不好卖，不少茶商截至暑假春茶还有库存，当地从业人员希望政府大力提振洞庭山碧螺春的品牌影响力，扩大规模，并建议全省适宜种茶的地方主打碧螺春，统一宣传推广。

---

① 资料来源：由课题组调研材料梳理后获得。

（二）阳澄湖大闸蟹①

《辞海》中有对阳澄湖的描写，说阳澄湖适合养殖水产，在众多的水产品中，最为有名的是螃蟹。1989 年为了便于管理，阳澄湖大闸蟹开始实行围网养殖，并进行配套设施建设，建成第一批养蟹基地。1997 年"阳澄湖"地理品牌注册成功。随后，苏州政府紧随农业品牌发展大势，注册了"阳澄湖大闸蟹"国家地理标志保护商标，使得这一商标在之后受法律保护。阳澄湖大闸蟹口碑好、市场需求大，但因供不应求市场上假冒伪劣现象严重，品牌保护难度较大。为了带动更多农户增收，2020 年在市农业农村局的规划引导下，阳澄湖大闸蟹的规模急剧扩张，从 0.107 万公顷扩大到 1.8 万公顷，沿阳澄湖和周围的四个镇全部纳入阳澄湖大闸蟹产地，并建设了标准化池塘，以企业投资 70%、政府投入 30% 的方式启动了阳澄湖大闸蟹智慧监管平台建设，改变了螃蟹养殖夜间看护的传统养殖模式，从技术增产和品牌增效多个角度，提高蟹农收入。尽管如此，市农业农村局的负责人坦言依然面临很大的压力，既有来自同行的压力（市场总量既定，江苏还有很多其他的大闸蟹品牌），也有来自消费者和新闻媒体的压力，不知规模扩张后市场反响如何。

（三）勤川米业②

勤川米业是勤丰村村办企业，于 2012 年 5 月注册成立，按照统一供种、统一栽培、统一施肥、统一用药、统一加工、统一销售的要求，形成了从种植到销售一体化的产业运作模式。以"勤川"稻米生产、加工、销售为抓手，大力培育无公害、绿色、有机农产品。2013 年勤丰村发起组建了勤川合作农场，以江苏勤川现代农业科技有限公司、常熟市勤丰果蔬种植专业合作社、常熟市勤丰农机专业合作社为核心成员，联结虞山镇东联村、中泾村、蜂蚁村等 8 个村共同创办而成，现有种植面积 540 公顷。合作农场致力于实施"公司 +

---

① 资料来源：由课题组调研材料梳理后获得。
② 资料来源：同上。

合作农场+村+家庭农场+农户"的产业经营战略，以订单农业为依托，探索无耕地村发展现代农业的新模式，促进富民强村。目前，勤丰米业已建设成为江苏省农业产业化龙头企业，产业融合发展程度高，种植标准化水平也较高，但负责人表示企业缺少农业专业技术人才支持，且设施农业用地的功能受到限制，对企业的持续成长有影响。

（四）张家港神园葡萄[①]

张家港市神园葡萄科技有限公司创办于1981年，躬耕葡萄生产第一线，匠心钻研技术求品质，培育自主产权新品种，贯通产区渠道打品牌，营造葡萄产业生态链，在云南玉溪和新疆昌吉均建有葡萄生产基地。该公司是"省级民营科技企业""全国农业生产流通中型企业"，也是"江苏省葡萄协会"第一届至第三届会长单位、"中国农学会葡萄分会"常务理事单位、"苏州市休闲观光农业协会"第一届和第二届会长单位、"苏州市果品协会"第一届和第二届会长单位。董事长徐卫东曾成功研发了"美人指"葡萄新品种，广受大众欢迎的"夏黑"葡萄也是由神园首次命名。该公司长期经营积累的销售渠道成熟，在业内知名度高，但经营中也面临政策风险冲击，一方面是张家港葡萄种植基地受到张家港政府征地影响，不断萎缩；另一方面是原与农民签订的土地流转协议即将到期，续约不确定性大，即使成功续约也要付出更大的成本。因此，除了自然风险，政策风险也对神园葡萄农业品牌的生产经营带来了巨大挑战。

二、苏中地区：以扬州为例

课题组对扬州区域农业产业品牌和农业企业品牌中的代表性案例梳理如表3-7所示。

45

---

① 资料来源：由课题组调研材料梳理后获得。

表 3−7　　　　　　　扬州农业品牌建设微案例

	品牌	主要企业	品牌基本情况	品牌发展优势与不足
区域农业产业品牌	宝应荷藕	扬州市艳阳天食品有限公司、江苏荷仙食品集团等	产品：宝应荷藕（宝应莲藕）是江苏省宝应县特产，具有色泽鲜艳，表皮光滑，体白个大，产量高，品质优秀等特点 荣誉：宝应荷藕为地理标志保护产品、地理标志证明商标、中国国家地理标志产品	品牌优势：荷藕种植历史悠久，完善的产业链条，品牌故事丰富，品牌打造、推广、维护手段完善 品牌不足：荷藕连片面积少、效益不稳定、产品单一，产业内企业恶性竞争
	高邮鸭蛋	红太阳食品公司、三湖蛋品公司、秦邮蛋品公司等	产品：高邮鸭蛋（高邮咸鸭蛋）采用特色辅料和传统配方、工艺研制而成，其蛋白如白玉、蛋黄似红橘，具有松、沙、油、鲜、细、嫩等特点 荣誉：2017 年地理标志产品食品类第一名，2018 全国绿色农业十佳畜牧地标品牌，2019 年江苏省十强农产品区域公用品牌等	品牌优势：品牌文化底蕴深，制作技艺是省非物质文化遗产，品牌故事丰富，品牌打造、推广、维护手段完善，市政府新成立了高邮鸭集团 品牌不足：产品研发创新不足
农业企业品牌	百汇园集团	江苏百汇园科技产业发展集团有限公司	产品：百汇园集团是主营黑莓种植、研发、原料供应、深加工、营销、冷链配送一条龙服务的现代化农业企业，近年来开发了黑莓果肉果汁饮品系列、黑莓原液、黑莓果酱、黑莓冻干粉等黑莓系列深加工产品，开展了百汇园黑莓文化采摘节 荣誉：百汇园集团获得了省级重点龙头企业、市级重点龙头企业、市农业电商十强企业等荣誉	品牌优势：精深加工技术实现品牌高溢价，一二三产业深度融合，仪征市政府重点扶持 品牌不足：品牌故事挖掘不足
	荷仙集团	江苏荷仙食品集团	产品：荷仙集团是专事蔬菜加工的出口创汇企业，加工销售的产品有各类保鲜蔬菜、腌渍蔬菜、水煮蔬菜、冷冻蔬菜、莲藕方便食品、速溶藕粉、荷叶茶、藕汁饮料等 荣誉：其产品销往日本、美国、欧洲、东南亚以及中国国内各大城市，是农业产业化国家重点龙头企业和江苏省农业化"出口创汇十强"企业，全国园艺产品出口示范企业、全国唯一的一家从事莲藕加工出口创汇的国家级龙头企业	品牌优势：品牌发展活力大，有创新开拓精神；依托宝应荷藕区域农业产业品牌 品牌不足：受到疫情影响，原料采收受阻，出口价格和数量下降，企业利润受挤压

资料来源：课题组调研材料梳理后获得。

扬州市是全国知名的旅游城市，工业污染少，森林覆盖率高，还有历史上就比较知名的区域公用品牌，有建设农业品牌的资源禀赋，但是按照扬州市农业农村局相关部门领导的说法，扬州市的农业品牌建设属于"醒得早、起得晚"，因此品牌影响力没有得到进一步提升。通过实地调研走访和座谈会，了解了扬州的宝应荷藕、高邮鸭蛋、百汇园集团、荷仙集团等农业品牌及农业企业，其中宝应荷藕和高邮鸭蛋是"区域农业产业品牌＋农产品品牌"的发展形式，百汇园集团打造的"百汇园黑莓"品牌以及荷仙集团打造的"荷仙"系列产品品牌是"农业企业品牌＋农产品品牌"的发展形式。根据知名农业品牌建设的共性，品牌打造须具备一定的核心竞争力，可以是先天的地理位置、气候条件、土地资源等，也可以是悠久的种植历史和传承的工艺技术等。上述农业品牌建设的微案例也都形成了自己的核心竞争力。

（1）宝应县是中国荷藕之乡，其种藕历史可以追溯到唐代，到了明代，蜜饯捶藕成为朝廷贡品，明末清初宝应藕粉成为朝廷"贡粉"。目前宝应县是国家级出口食品农产品质量安全示范区，自然资源丰富，生态环境良好，在长期发展中逐步形成了集种植、加工、外销于一体的荷藕产业化链条，连续多年夺得荷藕种植面积、荷藕产量、荷藕出口量三项中国第一。宝应莲藕产品主要为水煮莲藕、盐渍莲藕、冷冻莲藕、保鲜莲藕等，产品主要出口到日本、韩国，少量出口到美国和东南亚地区。2020年受疫情影响，宝应荷藕出口量比2019年下降约20%，因人员出行受到限制，部分莲藕基地原料未能及时采收，出口价格也有所下降，部分专做出口的企业，由于订单缺少，生产不能正常进行，资金周转困难，甚至面临倒闭的风险。[①]

（2）高邮咸鸭蛋产自扬州高邮市。高邮地处长江中下游北岸的里下河地区，是国家级生态示范市。境内湖荡连片，沟河纵横，水生动植物资源丰富，拥有水域面积7.2万公顷。高邮麻鸭是全国三大名鸭之一，年产蛋约200个，经过特殊工艺和辅料腌制成咸鸭蛋，具有营

---

① 资料来源：由课题组调研材料梳理后获得。

养丰富、色泽鲜艳等特点，早在南北朝时期已有记载。近年来，高邮鸭年产值达 25 亿元左右，2016 年 1 月，高邮咸鸭蛋制作工艺被列为"江苏省级非物质文化遗产"；2017 年，高邮鸭蛋被评选为江苏省地理标志产品食品类第一名，同年 6 月，以高邮鸭特色资源为主的高邮湖泊生态农业系统，被农业农村部批准为第 4 批中国重要农业文化遗产；2018 年获"2018 全国绿色农业十佳畜牧地标品牌"称号；2019 年入选首届"江苏省十强农产品区域公用品牌"。尽管发展基础好，品牌知名度大，高邮鸭和高邮咸鸭蛋依然面临产品研发速度缓慢、粗放式发展等问题。随着消费者偏好的变化，很多消费者不喜食用高盐的腌制产品，高邮鸭蛋产品创新速度未能及时跟进消费者的需求变化，也受到环境保护等政策风险制约。

（3）江苏荷仙集团。1998 年，宝应以其优美的自然环境，完整的产业链条和独特的荷藕文化被命名为首批"中国荷藕之乡"。2004 年 7 月，"宝应荷藕"正式成为国家地理标志产品。目前宝应荷藕种植总面积超 1.33 万公顷，年产量 30 多万吨，拥有全国绿色食品原料（莲藕）标准化生产基地 0.8 万公顷、省级出口农产品示范基地 12 个。全县建有荷藕加工集中区，现有荷藕加工企业 100 多家，其中市级以上龙头企业 20 多家，荷藕产品远销日韩、东南亚及欧美地区，年出口量占全国总份额的 70% 以上，形成自主知识产权的荷藕产品有 100 多个。① 其中江苏荷仙食品集团创建于 1993 年，是国家级农业产业化龙头企业，对引领宝应荷藕产业发展做出了重要贡献。荷仙集团依托于宝应当地的荷藕产业和区域公用品牌，主营产品有常温莲藕调理食品、速冻/冷冻莲藕调理食品、水煮蔬菜、冷冻蔬菜、藕粉、藕汁饮料等 100 多个品种，拥有近三十条食品生产线。公司有近千公顷生产基地，均采用良好农业规范（GAP）进行种植管理。企业出口量较大，受疫情影响出口下滑后，积极拓展电子商务销售渠道，联系直播带货，创新产品和销售模式，拓展国内市场。

（4）百汇园集团创立于 2013 年，是主营黑莓种植、研发、原料

---

① 由课题组调研材料梳理后获得。

供应、深加工、工业游、冷链配送一条龙服务的现代化农业企业。公司坐落于江苏省扬州仪征市，建有标准化黑莓生态产业园，主要从事黑莓珍稀品种小浆果的种植及黑莓产品的研发、生产、营销。一产方面，百汇园黑莓产业园目前拥有近千公顷私有黑莓园，种植面积547余公顷，种植规模位居全国前列。二产方面，建设的黑莓深加工基地占地3.3公顷，有标准厂房2万平方米，拥有深加工生产线及保鲜库、速冻库、冷库4万平方米。黑莓深加工基地是仪征市工业旅游区示范点、江苏省农科院农产品加工研究所成果转化基地、江苏省中国科学院植物研究所研究基地等权威科研单位研究基地，目前已开发出黑莓冻果、果汁饮料、原浆、黑莓原液、冻干粉等多系列的优质产品。三产方面，百汇园集团以黑莓特色农业为基础，建有马集镇黑莓特色小镇，以工业旅游、乡村旅游示范点为抓手，发展休闲农业，举办百汇园黑莓文化采摘节，通过一二三产业的融合实现品牌价值的溢出。但由于发展时间短，对品牌故事的挖掘不够深入，品牌知名度待提高。

三、苏北地区：以盐城、徐州为例

（一）盐城

课题组实地走访了盐城市农业农村局、农业品牌协会和代表性农业企业，将部分案例材料整理如表3-8所示。

表3-8　　　　　　　　　盐城农业品牌建设微案例

	品牌	主要企业	品牌基本情况	品牌优势与不足
区域农业产业品牌	洋马菊花	宏健粮食公司、射阳天源中药材有限公司、射阳县天佑农产品公司等	产品：洋马菊花产自"中国药材之乡"射阳县洋马镇，这里拥有全国最大的菊花生产基地，是华东最大的药材种植基地，盛产杭白菊 荣誉：洋马菊花系列产品被国家评为"绿色食品"，同时洋马菊花又是地理标志证明商标	品牌优势：种植历史悠久，产业积淀厚重，品牌的打造、推广和维护手段完善

	品牌	主要企业	品牌基本情况	品牌优势与不足
区域农业产业品牌	大纵湖大闸蟹	盐城大纵湖大闸蟹有限公司、陈长荣大纵湖大闸蟹有限公司、御品大闸蟹养殖有限公司等	产品：大纵湖大闸蟹具有蟹身不沾泥，青背白肚，金爪黄毛，螯足强健，肉鲜味美，营养丰富等特点 荣誉：是中国国家地理标志产品	品牌优势：产品品质好、产量高，已形成规模化；历史渊源、品牌故事丰富 品牌不足：缺乏品牌主导主体，品牌未打响，市场监管不严格，品牌参与主体利益联结不紧密
农业企业品牌	富安茧丝	江苏富安茧丝绸股份有限公司	产品：企业位于"中国茧都"东台市富安镇，富安是其企业品牌，主要生产优质蚕茧、白厂丝、捻线丝、真丝绸面料、真丝服装、桑蚕丝被 荣誉：富安系列产品出口日本、欧美等国家和地区，富安牌桑蚕丝荣获"中国名牌产品"称号，是江苏省著名商标、盐城名牌产品、中国名牌产品等；该企业是农业产业化国家重点龙头企业，江苏省30家重点骨干龙头企业	品牌优势：工艺、技术、资源禀赋等具有核心竞争力；依托当地长久以来传承的养蚕种桑产业 品牌不足：品牌发展过程中的生产队伍老龄化严重；自有精深加工产品和品牌知名度低
	七星农场	盐城市盐都区七星现代农业发展有限公司	产品：农场与公司是一套班子、两块牌子，集种植、养殖、稻米加工、销售、技术研发、推广于一体，致力打造"七星谷"品牌，涵盖有机大米、小龙虾、大闸蟹等产品 荣誉：其稻米在外观、蒸煮、食味等方面均表现突出，江苏好大米评鉴推介活动中，"七星谷"有机米斩获江苏好大米"籼米组特等奖"；是市级龙头企业	品牌优势：品牌大米品质较好 品牌不足：缺乏历史文脉、文化底蕴；品牌故事缺乏，缺少有效的营销手段

资料来源：课题组调研材料梳理后获得。

通过实地调研走访和座谈会，了解了盐城的洋马菊花、大纵湖大闸蟹、富安茧丝、七星农场等农业品牌和企业，其中洋马菊花和大纵湖大闸蟹属于"区域农业产业品牌＋农产品品牌"的发展形式，富安集团打造的"富安"系列产品品牌和七星农场打造的

"七星谷"系列产品品牌是"农业企业品牌＋农产品品牌"的发展形式。

（1）洋马是"中国药材之乡"，国家级白菊花绿色食品生产基地、国家级白菊花标准化示范区，洋马菊花获得国家原产地标志注册。洋马药材基地于1977年创建，占地近4000公顷，目前种植300多个药材品种，单菊花一季收获就达1.5万吨。① 洋马镇的菊花种植已有几十年的历史，实现了集约化、标准化、规模化生产；在一二三产业融合发展方面，洋马镇结合美丽乡村建设，把着力点放在发展乡村旅游上，举办菊花节，吸引投资，先后建成了"十里菊香"全国农业旅游示范点和中药文化展览馆。

（2）大纵湖大闸蟹出产于大纵湖及盐都地区条件相似的水域，养殖历史悠久，可追溯到清朝乾隆年间，大纵湖面积达30余平方千米，是苏中里下河地区最大最深的湖泊。2015年4月7日，国家质量监督检验检疫总局批准对"大纵湖大闸蟹"实施地理标志产品保护。在大纵湖大闸蟹品牌打造过程中，一个重要人物是盐城大纵湖大闸蟹行业协会会长、大闸蟹养殖大户陈长荣，其注册了"陈长荣"牌大纵湖清水大闸蟹商标，申请获批了"绿色食品"认证，在上海、南京、盐城等大中城市设立了专卖店。为此，成立了"陈长荣大纵湖清水大闸蟹专业合作社"，与97个社员签订合同，向社员的300多公顷养蟹水面发放"养殖卡"，制定严格的管理制度，实行"统一养殖操作规程、统一供应蟹种、统一收购销售"的运作模式。大纵湖水质优良，螃蟹品质优秀，深受消费者喜爱。② 但是目前大纵湖大闸蟹的品牌知名度依然远不如阳澄湖大闸蟹，由于螃蟹经销商与农户之间没有建立起密切的合作关系，螃蟹上市季节其他品牌的螃蟹贩子就会来到盐都区，向农户以略高于当地收购价的价格买走个头大、质量好、品质优秀的螃蟹，贴上其他品牌出售。对此，大纵湖大闸蟹品牌经营企业多有怨言。

---

① 江苏产地宝．洋马菊花：盐城市射阳县洋马镇特产，国家地理标志产品，http://m. chandibao. com/2636. html.

② 案例由课题组调研材料梳理后获得。

（3）富安集团坐落于素有"中国茧都"之美誉的东台市富安镇，公司采用"企业＋合作社＋农户"的形式，带动20万养蚕农民，有1个蚕桑技术服务中心，8个茧丝绸加工企业，年产优质蚕茧13万担，白厂丝1000吨，捻线丝300吨，真丝绸面料300万米，真丝服装20万件，桑蚕丝被5万条。其中，蚕茧产量、质量列全国同行业前茅，白厂丝平均等级达5A60以上，6A级高等级生丝的比例占60%，成为全国最大的优质高等级生丝生产出口企业，产品出口日本、欧美等国家和地区。[①] 富安集团生产的蚕茧、丝、面料、成品等质量非常高，拥有先进的生产工艺和技术，拥有国际市场的茧丝绸的定价权。

（4）盐城市七星农场是盐都区重点打造的示范项目，集种植、养殖、稻米加工、销售、技术研发、推广为一体，获批国家级稻渔综合种养示范区，生产的稻谷、稻米获有机产品认证。七星农场项目分为现代农场管理区、水稻品种综合展示区、功能稻米生产区、立体高效种养区、优质稻米示范区等5个功能区，以科技为核心，以农业机械化为支撑，打造现代化农业。七星农场的"七星谷"品牌稻米在外观、蒸煮、食味方面品质优秀，在江苏的大米中品质处于中上等，拥有"七星谷稻鸭共作有机米""七星谷富硒大米"等多个系列产品，受到长三角地区的中高端米消费群体喜爱。

进一步对比盐城4个农业品牌的发展优势发现，产品质量是每个成熟的农业品牌发展的必要条件，长久的种植历史和工艺技术积淀为农业品牌的发展增色，如洋马菊花、大纵湖大闸蟹及富安茧丝均具有较为悠久的生产、制作历史积淀，同时在品质方面具有优势。洋马镇在发展洋马菊花品牌的过程中，加强了对企业和农户的监管力度，做到了统防统治，保证了洋马菊花的质量，也进一步保证了洋马菊花的品牌口碑。七星农场的"七星谷"品牌主打有机，这也是其品牌的发展优势。从品牌发展的不足之处来看，大纵湖大闸蟹的品牌发展制约因素比较明显，由于品牌建设没有主导主体，导致大纵湖大闸蟹品牌

---

① 课题组调研材料梳理后获得。

打造过程中责任不清，品牌宣传未形成合力，政府相关部门对私自售卖行为的监管力度也不大，在品牌的打造、推广和维护方面工作有待加强；富安集团在打造"富安"品牌时，对自有的高端产品的品牌推广力度较小，虽然茧、丝、绸等已经做到了世界知名，但是本企业的一些品牌高端成品丝巾、丝被知名度却较低；而七星农场的发展历史和品牌年限较短，在打造"七星谷"品牌时，缺乏对品牌故事的深度挖掘。

（二）徐州

通过实地调研走访和座谈会，了解了徐州农业品牌建设的基本情况，将部分代表性案例梳理如表3-9所示，包括邳州大蒜、新沂水蜜桃、宫品果品和银杏源等知名农业品牌和农业企业。其中邳州大蒜（也称邳州白蒜）和新沂水蜜桃是"区域农业产业品牌＋农产品品牌"的发展形式；宫品果品和银杏源是农业企业，其分别打造的"宫品"果品品牌和"三生友杏"银杏果休闲食品品牌则是"农业企业品牌＋农产品品牌"的发展形式。

表3-9 徐州农业品牌建设微案例

品牌		主要企业	品牌基本情况	品牌优势与不足
区域农业产业品牌	邳州大蒜	邳州市黎明食品有限公司、徐州绿之野生物食品有限公司等	产品：邳州大蒜（邳州白蒜）具有蒜头大、皮色白、肉质脆、辣味适中、蒜瓣少、形状整齐、耐储运、商品性佳等特点 品牌：获得地理标志商标，江苏省十强农产品区域公用品牌	品牌优势：种植历史悠久，地理气候适宜，口碑有一定积淀 品牌不足：高端、精深加工农产品缺乏；市场监管不严格
	新沂水蜜桃	新沂市踢球山鼎圣果业专业合作社、新沂市志远家庭农场等	产品：品种多样，具有形美、色艳、味佳、白里透红、个大、味甜、肉脆、口感好、富含维生素等特点，补中益气、养阴生津 品牌：地理标志保护产品、中国国家地理标志产品	品牌优势：土地、气候适宜，产品品质好；通过新媒体手段展开品牌推广 品牌不足：缺乏完善的配套服务设施等，如冷库少，知名度只做到了区域，未做到全国

	品牌	主要企业	品牌基本情况	品牌优势与不足
农业企业品牌	宫品果品	徐州宫品果品专业合作社	产品：合作社以种植果树、苏翠一号、秋月梨苗、精优果品、风味天后油蟠桃、果苗为主要经营项目，其生产水果水分足、口感好 品牌：宫品果品荣获徐州市知名品牌、江苏省名牌产品，其宫品牌的皇冠梨获得"中国十大名梨"的称号；合作社被评为中国十大名梨基地、国家梨"948"重大项目示范基地、江苏省100家"四有农民专业合作经济组织"等	品牌优势：产品品质好、质量高，土壤气候适合种植；品牌推广手段推陈出新 品牌不足：品牌宣传力度不够，对品牌故事的挖掘不足
	银杏源	徐州银杏源生物工程有限公司	产品：以银杏、果蔬制品为主营，集自主研发、规模生产、市场营销为一体的现代休闲食品企业，开发出冻干银杏、冻干草莓、开心银杏仁、酥脆甘栗仁、酥脆秋葵等20余种健康休闲食品 品牌：银杏源公司的"三生友杏"品牌是江苏省著名商标、江苏省名牌产品，已成为中国国航、东方航空、中国铁路等多家公司的指定产品；企业是国家林业重点龙头企业、省级重点龙头企业等	品牌优势："三生友杏"品牌是国内首创，农产品有特色、品质高；依托于邳州银杏区域农业产业品牌 品牌不足：品牌投入力度较小；对企业品牌故事挖掘深度不够

资料来源：课题组调研材料梳理后获得。

1. 邳州大蒜

江苏省邳州市是全国闻名的大蒜之乡，也是最大的优质白蒜产区，种植历史悠久，生产技术先进，口味香辣独特，具有很高的药用和经济价值。邳州大蒜又称邳州白蒜，以其个大、皮白、肉质脆、辣味适中、蒜瓣少、形状整齐、耐储运、商品性佳而享誉海内外，被誉为白蒜中的上品。2008年底，国家质量监督检验检疫总局正式批准对"邳州白蒜"实施地理标志产品保护。2009年底，邳州白蒜标准化示范区被江苏省外经贸厅、财政厅认定为江苏省大蒜出口基地。2019年，邳州全市有4000多公顷标准化种植示范基地，年产优质大蒜80万吨，大蒜加工和商贸企业达300余家，建有大蒜恒温库350余座，年贮藏能力

50 万吨，带动从业人员 20 余万人。邳州大蒜常年自营出口量 35 万多吨、出口额 3 亿美元左右，产品占中东大蒜市场的 70%、东南亚市场的 40%、全国大蒜出口量的 30%、江苏省大蒜出口量的 90% 以上。①

2. 新沂水蜜桃

新沂是水蜜桃种植的集聚区，2019 年的种植面积超过 0.53 万公顷，虽然种桃历史悠久，但是真正把水蜜桃发展起来做品牌只有 20 多年时间。当地桃农认为，新沂生产的水蜜桃口感好、甜度适中、桃味十足，可以媲美阳山水蜜桃，但目前新沂水蜜桃仅能算作区域性品牌，离做成全国性品牌还有差距。2020 年，为了进一步扩大品牌影响力，在新沂市政府推动下水蜜桃上线了淘宝天猫等平台，但上线伊始在几个平台上搜索新沂水蜜桃的时候，数量寥寥无几，而且排位偏后，② 说明新沂水蜜桃的知名度和品牌推广力度仍有待提高。

3. 宫品果品

徐州宫品果品专业合作社位于徐州市铜山区，铜山区有 20 多年的皇冠梨的种植历史，加之宫品果品合作社技术团队对土壤的改良，其产出的皇冠梨、酥梨水分充足、品相好、口感好。仅房村镇皇冠梨种植面积已发展到 1000 公顷，是苏北最大的皇冠梨种植基地。③ 宫品果品合作社生产的皇冠梨色泽金黄、清香沁人、爽脆甘甜，2010 年被中国果蔬协会评选为"全国十大名梨"。"宫品"牌黄冠梨已被省农林厅认定为无公害产品，被市工商局评为知名品牌。

4. 银杏源

徐州银杏源生物工程有限公司成立于 2006 年，坐落在"银杏之乡"邳州市 4000 公顷银杏基地之中，是一家以银杏、果蔬制品为主营，集自主研发、规模生产、市场营销为一体的多元化、现代化高新技术企业和现代休闲食品企业。公司采用真空冷冻干燥（FD）和真空低温干燥（VF）工艺，开发出冻干银杏、冻干草莓、开心银杏仁、酥脆甘栗仁、酥脆秋葵等 20 余种健康休闲食品。基于当地产业，银杏源

---

① 数据由课题组调研材料梳理后获得。
② 案例由课题组调研材料梳理后获得。
③ 由课题组调研材料梳理后获得。

公司联合科研院所研发银杏果仁低温油炸技术，首创银杏果休闲食品，打造了"三生友杏"品牌。开心银杏系列产品成为中国国航、东方航空、中国铁路等多家公司的指定产品。

通过对比徐州的 4 个典型案例的品牌发展优势发现，邳州大蒜的种植历史较为悠久，为当地大蒜产业积累了较为充足的人才、资金、技术等要素，为品牌发展奠定基础。新沂水蜜桃的品质好，且由于引进年轻团队，创新了一些品牌推广手段，促进产品和品牌走出新沂。银杏源企业的"三生友杏"银杏果仁在出口日本时，要通过 250 多项农药残留检测，其产品质量高于国内质量要求；其当地的适宜的地理和气候、精细化的生产管理流程也造就了产品的高品质。与此同时，政府的政策倾斜、品牌协助推广也帮助了当地农业品牌的发展。宫品果品合作社的果品品种好、质量高，能够实现 70% 的果品证码合一，保证了产品信息可追溯，同时还通过抖音等新媒体进行宣传，品牌推广手段新颖。进一步对比发现，不同农业品牌的发展过程中各自具有不足之处。例如，宫品果品专业合作缺乏对品牌故事的挖掘和宣传；邳州大蒜品牌虽然知名度较高，但是当地仍以生产初级农产品为主，缺少深加工农产品，因而也降低了农产品品牌价值；新沂水蜜桃产业及品牌发展过程中，各个主体的协同发展程度较低，缺少冷链物流基础设施设备配套，因而制约了新沂水蜜桃品牌的发展；银杏源集团在打造"三生友杏"的品牌时，逐渐地减少了对品牌推广的投入力度，这成为该品牌发展的制约因素。

第三节　江苏农业品牌强省建设深层问题

一、品牌数量及影响力不足，缺乏竞争力

首先，江苏省农业品牌在总数上少于山东、广东、福建、浙江等省份，名气响、做得大的品牌则更少。江苏省区域公用品牌的数量仅

为山东的二分之一，农产品知名品牌的数量仅为广东的四分之一，农产品地理标志产品数量不到山东的四分之一（韩轶强，2020）。总体来说，江苏省农业生产经营主体缺乏品牌意识，尚未形成鲜明的农产品品牌。大部分生产经营主体过分关注农产品直接销售的经济效益，并不关注品牌的打造。品牌打造不只是品牌创立，更重要的是后续的品牌维护和升级。许多农业企业即使有品牌，也缺乏长远的品牌维护及升级战略和规划，存在企业品牌的发展滞后于企业自身发展的现象，应有的品牌优势也未能充分发挥（徐大佑等，2018）。

其次，品牌影响力不足。一般而言，通过对初级农产品的精深加工，达到一定的品质标准，能够有效提高产品附加值，延长产品加工链，以产生更强的辐射带动作用（崔剑峰，2019）。然而，江苏很多农产品品牌处于初级农产品加工阶段，自主创新能力和核心竞争力不足，生产、加工及包装销售过程中的科技含量很低，产业链过短必然致使附加值低，缺乏品牌效应。以盐城为例，其原料初加工为主的农副产品加工占全市食品工业总量的80%左右。如粮食加工，仍以原粮初加工为主，精深加工产品少，二次和三次转化增值能力不强。全市10户啤酒麦芽生产企业，均为前道麦芽生产企业，无终端啤酒生产企业。肉产品以屠宰加工为主，精深加工不够，生肉制品多，熟肉制品少。另外，配套设施明显落后也阻碍了品牌的发展，如连云港市全市农产品产地批发市场以小型为主，设施简陋，组织化程度较低，交易手段落后，辐射面不宽。80%的市场缺乏冷藏保鲜、冷链物流设施、信息或质量检测设施。目前全市冷库数量377座，农产品批发市场仅有64座，占比16.97%。从全国范围来看，江苏在同行业中掌握核心技术、拥有市场话语权的农业企业较少。在2019年的中国农产品区域公用品牌（第一批）影响力指数榜单中，江苏的洞庭山碧螺春影响力指数只有71.531，比安吉白茶低了将近20个点，在13个上榜区域公用品牌中仅排名第9。

最后，江苏农业产业内品牌没有实现有效整合。以葡萄产业为例，江苏有上百个葡萄企业品牌，如神园葡萄、七彩珍珠等，同时又有"阿湖葡萄""丁庄葡萄"和"白兔葡萄"等区域品牌，同质化竞争激烈。

二、规模化和集群化尚不成熟，产业融合发展程度低

首先，江苏农产品企业规模普遍较小，缺乏较大规模的行业领军型企业。据课题组收集到的调研资料显示，盐城市食品企业平均规模小，主要以中小企业为主，核心竞争力不强，缺少在全国有影响的大企业、大集团，全市销售超 10 亿元企业仅 6 户，50 亿元企业为空白。在全国市场叫得响的品牌鲜见，佳丰油脂的恒喜食用油、宁富食品的宁富猪肉等虽然获评中国驰名商标，但整体知名度仍然不高，相关产品与大众熟知的品牌销量差距较大。

其次，江苏特色农产品多、各地区都有不同的特色农产品和特色农业，但围绕某个特色农产品未形成集群化、规模化和产业化的大企业集群。江苏省很多地市都存在产销衔接不够紧密的问题，农产品销售"原"字头为主，产业链条不粗不长，农业一二三产融合发展不够。如宿迁市 2019 年本地特色农产品的年度总产值为 555.25 亿元，以初级农产品形式销售部分收入约 340 亿元，所占比例高达 60%，产品的附加值较低。盐城市农业规模化、集群化程度也还不够，尽管全市已形成了一些粗具规模的农产品加工集中区和现代农业产业园区，但农产品加工业仍呈现出星罗棋布，大群体、小规模的整体态势。区域内集群企业发展配套设施落后，阻碍了农业品牌的发展。①

三、品牌监管不到位，假冒伪劣低价促销多

首先，农业仿冒品牌的现象频现，一些地方大力打造的区域农产品品牌，却由于公用品牌管理的治理机制不健全等原因，被"外来"农产品假冒，导致品牌价值和形象严重受损。市场监管和危机应对机制缺失，还造成一些本来具有一定名气的区域公用品牌如洞庭山碧螺春和阳澄湖大闸蟹，正在逐步失去优势地位，产业升级更无从谈起。调查发现，2017 年阳澄湖大闸蟹年产量约为 1200 吨，而市面上以阳澄

---

① 由课题组收集的调研材料整理获得。

湖大闸蟹之名售卖的却达到20万吨，市面上充斥着大量假冒的阳澄湖大闸蟹。

其次，虽然无论政府还是申报者都十分重视农产品注册商标的申报、评选，但往往忽视后续的品牌跟踪与维护。调研发现，不少地区将对农业品牌的监管寄托于企业自律、诚信和本地少数几个人巡逻，合法的品牌农产品权益得不到有效的保护。面对假冒的品牌农产品，消费者和生产品牌农产品农户或农业企业的权益得不到有效的保护，最终引起消费者对品牌农产品的反感，不利于农产品品牌形象的树立。

四、产前产后科研支撑不足，产业技术研发滞后

首先，江苏省地区级农业科研院所在成果转化与市场对接上存在一些不足，不适应现代农业品牌建设的需要。虽然江苏高校多、智力资源丰富，但科研院所的科技成果重点多集中在产中，关于农业产前规划、产后包装加工、产后运输和农产品销售等应用型成果少。

其次，地方特色农产品产业发展急需的新品种、高效轻简生产、增值加工、储运销售等技术严重缺乏。由于农产品大多具有鲜活特性，既容易遭受磕碰损耗，又容易腐烂变质，且准入门槛低，易于模仿跟风，除了需要不断开发受消费者欢迎的食味性佳的新品种，还需要配套的冷链仓储和加工增值技术，以此提高品牌农产品附加值。

第四节　江苏农业品牌建设
问题的成因分析

一、资源禀赋意识不强，品牌观念淡薄

调查发现，截至2017年底，江苏农产品注册商标逾8万个，其中获"江苏名牌"及以上称号的不足450个，名牌率不足6‰。[①] 江苏13

---

① 江苏省人民政府 http：//www. js. gov. cn/art/2019/10/11/art _59167 _8731555. html? from = singlemessage

个市中，1/3 以上对"人无我有、人有我优"的本土资源禀赋缺少全面认知，对本地特色农产品的理解局限于本地生产的农产品。在区域公用品牌建设上，部分地方政府脱离主导产业和本地优势创建品牌，离开品牌本质属性打造品牌，导致品牌识别度下降。个别苦心经营的区域公用品牌，"大企业不用、小企业滥用"，品牌形象上不去，品牌溢价难实现。此外，虽然全省各市农业部门的负责人都认为农业品牌建设非常重要或比较重要，但很多生产经营主体品牌观念淡薄，品牌意识有待提高。以连云港为例，截至 2018 年 5 月，全市农民专业合作社的注册商标率仅 4%。

二、农业项目数量不多，品牌推广扶持不够

由表 3 – 10 可知，2020 年江苏省申报获批了 283 个农业农村项目，仅占广东同期水平的三分之一左右，可见江苏省在省级农业重大建设项目方面申报积极性仍需提高，与广东等农业品牌建设强省相比仍有差距。此外，虽然江苏省委省政府对农业品牌建设重视程度高，但部分地市对农业品牌建设仍处于"醒得早、起得晚"状态，急需转变观念投入行动，在打造品牌时财政投入的中心需要从种植生产向品牌宣传推广倾斜。例如苏州市在 2019 年扶持打造"苏州大米"这一区域公用品牌时投入了 1000 万元左右，主要用在了品牌宣传，并通过创牌和标准"反向倒逼"米企按标生产、全程管控，品牌建设成效显著，农民增收明显。而南京市同样投入了 1000 万元，主要用在了种植基地建设方面，品牌农产品的市场反响平平。

表 3 – 10   江苏、广东省级农业重大建设项目情况对比

江苏省	广东省
283 个农业农村项目（2020 年） 总投资 1227 亿元 重点聚焦：现代种养、农产品加工流通、农业现代服务业、农业基础设施、农村人居环境改善等五大类型	763 个农业农村项目（2020 年） 总投资 3568 亿元 重点聚焦：合作共建粤港澳大湾区"菜篮子"交易平台，加快推进大湾区"菜篮子"工程建设和品牌发展

资料来源：课题组调研材料梳理后获得。

三、现代营销技术缺乏，品牌知名度不足

一是品牌外延待拓展。从纵深角度，农业品牌既包括宏观层面的区域、国家、城市、地方、产业和社区品牌，也包括微观层面的社会组织（如企业）、个人和产品品牌等。然而，调查发现，目前江苏省知名度稍高的农业品牌以区域公用品牌为主，企业品牌多而不强，个人品牌鲜见（以赵亚夫为代表）。二是品牌宣传推广受限。农产品生产的低附加值和高宣传推广费用，使得很多企业虽有品牌，但并不积极提高品牌知名度。对于区域品牌，由于江苏品牌农业发展时间不长，地方政府和协会仍处于摸索阶段，宣传和推广手段单一。三是品牌定位不清，市场区隔模糊，缺少品牌产品-渠道-价格-市场细分的配套管理措施，导致渠道层次和价格层次结构不对等。

四、标准化程度不足，品牌质量不过硬

一是标准化程度低，制约规模扩大。已制定的农业标准在一些地方和农户中不能得到很好地贯彻和落实（徐雪岚，2012），标准化的作用尚未得到充分发挥。二是品牌质量不过硬，不利于产业化和集群化。以兴化为例，兴化大闸蟹年产量 6.5 万吨。然而，兴化大闸蟹品牌知名度和影响力远远不如阳澄湖、洪泽湖大闸蟹，其中一个重要原因就在于其不重视品牌管理和维护，蟹品质量参差不齐。

五、多主体分割，政策体系不完善

一是农业品牌建设和管理涉及的部门多（省市政府的多个部门、协会、企业和农户等）、行业多（一二三产业），缺少不同地区、不同种类农业品牌打造及产业协同发展的具体思路和基础保障。二是江苏地区差异大，不同地区的农业规模化和现代化程度不同，农业品牌建设水平有异，缺少"以强带弱"和地区协同发展理念。三是农业的先天弱质性，遭受风险更多，具有准公共品性质的区域品牌更需要政府参与。调查发现，不同地市补贴力度差异显著，且总体而言政策发力分散，缺少"推一个成一个"的针对性品牌价值提升方案。

六、农业技术人才少，品牌知识普及率低

一是部分地市基层农技推广人才严重不足。据课题组收集到的调研资料显示，江苏淮安市的基层农技队伍中 50 岁及以上人员占 42.64%，35 岁以下的仅占 6.26%。农业技术人才的缺失不利于江苏完成率先基本实现农业农村现代化的战略目标，也不利于农业品牌建设。二是江苏农业从业者中能够把握市场变化趋势、有较强品牌意识、具备足够品牌相关知识的人才不多，品牌创建后的运营维护工作存在困难。

第五节　江苏农业品牌强省建设的发展要求分析

一、扶持塑造大品牌，加大财政投入

早在 2018 年，江苏省委一号文件就提出，实施农业品牌强农行动。其中关于品牌农业，提出了这样的要求，包括：实施农业品牌强农行动；打造一批有影响力的"苏"字号区域公有品牌、知名企业品牌和名特优农产品品牌。然而根据前文现状和问题分析，江苏省要完成上述要求仍有很多工作需要完成。首先，江苏省需要按照党中央国务院决策部署，大力推进品牌农业发展，以"大品牌"引领全省现代农业发展。习近平总书记在视察江苏时指出，发展特色产业、特色经济是加快推进农业农村现代化的重要举措，要因地制宜抓好谋划和落实。对照这一重要指示，江苏省各地区塑造大品牌的工作也应要做到因地制宜，考虑到各地区自然环境、生产条件和经济状况等因素，找到具有优势和发展潜力的产业，着力做好发展规划并加大投入，力求将特色产业发展壮大，打造出更多大品牌。

据课题组获取的调研资料显示，淮安市销售超亿元的农业龙头企业数 2016 年新增 25 家，2017 年更是新增了 32 家，但是近三年增加的数量明显减少，2018 年仅仅新增了 4 家，近两年新增目标都只有 10

家。而淮安市省级以上农业龙头企业的销售额近五年是以年均 12.1% 的速度增长的，真正做出的大品牌却并不多，淮安市需要在继续推动龙头企业提高总体销售额的同时，更加注重超亿元大品牌的培育。

徐州市是中国苹果之乡、大蒜之乡、银杏之乡、中国根茎类农产品之乡，全国五大蔬菜产区之一和国家商品粮基地，拥有特色蔬菜、出口白蒜、食用菌、奶业、生态肉鸭等 5 项全国"单项冠军"，"丰县牛蒡""邳州大蒜"等区域公用品牌已打出名气。然而，据课题组获取的调研资料显示，徐州市拥有注册商标的农业合作社有 509 家，仅占总数的 3.66%；通过农产品质量认证的合作社也仅占 4.30%。家庭农场方面，拥有注册商标的有 426 家，占总数 3.82%；通过质量认证的占总数的 3.05%（见表 3-11）。说明徐州市新型农业经营主体目前还欠缺塑造品牌的意识，还有"酒香不怕巷子深"的传统思想，对打造大品牌，创造品牌价值的积极性还不够强。

表 3-11　　徐州市农业合作社、家庭农场商标与质量认证情况

类别	拥有注册商标		通过质量认证	
	数量（家）	占总数百分比（%）	数量（家）	占总数百分比（%）
农业合作社	509	3.66	598	4.30
家庭农场	426	3.82	340	3.05

资料来源：由课题组收集的调研材料梳理后获得。

投入资金扶持区域公用品牌塑造，并做好后续的品牌管理和维护，其收益回报是巨大的。例如，2018 年，苏州市政府投入 800 万元用于"苏州大米"公用品牌建设，仅产生直接效益就达 5 亿元。与经济发达国家相比，江苏省财政支农资金的总规模还有一定的差距。发达国家财政支持农业的资金约占农业总产值的 30%～50%，而江苏省 2019 年省以上支农资金为 178.4 亿元，仅占 2018 年农业总产值的 4.78%。[①]就淮安市而言，目前财政支农资金撬动作用不明显，农业"贷款难、贷款贵"问题依然存在，需要加强财政支农资金与金融资本融合。

---

① 根据调研资料整理而得。

二、做到多渠道宣传，发展仓储物流

品牌建设的成功与否不仅要看产品质量的好坏，营销推广的力度和效果也尤为关键。江苏省农业品牌建设应该重视营销对品牌的作用，综合运用销售、广告、会展等方法提高农业品牌知名度。例如，淮安市的"淮味千年"作为区域公用品牌在当地起到一定引领作用，应进一步强化对其的宣传推广，做到统一包装、统一形象、统一标准、统一组织参加国内外重点展会等工作，让"淮味千年"的品牌形象更加深入人心；最好能在北京、上海等大城市开展品牌农产品专题推介会，扩大品牌影响力；在高铁站和机场等重点场所设立"淮味千年"宣传广告，提高品牌知名度。

同时，更多地举办一些诸如评选"江苏省十强农产品区域公用品牌"的比赛活动，这是对品牌很好的推介形式。比赛期间，还可以设计消费者亲自参与评选的网络投票环节，投票者可以选择自己认为做得好的品牌。这类比赛能够让消费者更深入地认识和了解品牌，为培养忠实消费人群、引导消费趋势、提高市场占有率创造条件。

发展仓储物流是扩大销售辐射范围、拓宽销售渠道的关键，物流水平跟不上会严重影响农产品的销售和品牌建设。例如，苏州市"金苏虞大米"由于受运输成本限制，企业只能在苏州本地进行销售，品牌的知名度就难以打响。即使少数一些如"吉礼葡萄""雪峰蜜梨"等有一定知名度的品牌，也考虑物流成本的问题，只在江浙沪范围内进行销售。果品类的生鲜农产品对冷链物流的要求更高，苏州市应加快冷链物流建设，把农业品牌做大做强。

各地应充分分析本地发展仓储物流的优劣势，有针对性地加强仓储物流建设。例如，据课题组获取的调研资料显示，连云港市生鲜农产品品类丰富，外销势头良好，2019 年省级以上龙头企业销售收入达215 亿元。农产品交易方面也有足够多的主体，仅海头镇就拥有 3000多直播商家，农产品生产和销路方面都不存在较大问题。连云港是海陆联运的最佳物流节点，是国家规划的 42 个综合交通枢纽之一，已形成海、河、陆、空四通八达的立体化、现代化的交通网络，港口、铁路、公路、水运、航空等物流运输方式相当齐全，具备较强的物流承载和运输能力。然而，连云港还存在冷库等冷链硬件设施落后、冷链物流标准化程度低等问题，因此，连云港市应更充分地利用好流通优势、交通优势和区位优势，做好冷链物流整体规划，更新冷链硬件设施，着力加强仓储保险和冷链物流建设。

无锡市的主要特色农产品仍是以在传统商超进行销售为主，约占90%，而事实上，互联网在当地的主要特色农产品产业（如阳山水蜜桃等）所在乡村的覆盖率超过90%，特色农产品电商网上交易占比不高的关键在于物流，如水蜜桃对物流运输的要求极高，运输途中的颠簸碰撞以及物流时间都会对产品品质造成极大的影响。无锡市2019年全市农产品电子商务销售额达到18.7亿元，同比增长86%。常州市同样存在冷链配套设备相对较少的问题，均分布在批发市场和第三方冷链物流企业。全市现有用于生鲜农产品专用或为主的运输冷藏（冷冻）车辆48辆，运输规模在513吨左右，运输能力相对偏弱。在电商销售占比越来越高的情况下，无锡、常州等市更应加强冷链仓储物流建设，让物流不再成为阻碍当地品牌建设的难题。

三、推进标准化工作，强化部门监管

根据江苏省市场监管局、省农业农村厅印发的《关于加强农业农村标准化工作促进乡村振兴的实施意见》，到2022年，江苏省应做到发布实施相关领域地方标准150项、团体标准100项、企业标准1000项；农业农村标准化水平明显提升，建设相关标准化试点示范项目30个以上。到2035年，农业农村标准化协调推进机制和各项工作机制更加健全，支撑乡村振兴标准体系更加完善，标准推广实施、标准化服务水平显著增强，标准化服务乡村振兴的效能充分发挥。

江苏各地市政府均出台了一定数量的标准规范文件，例如，在绿色生态农业生产技术方面，扬州市先后制定了《有机水稻生产技术规程》《有机莲藕生产技术规程》《有机芡实生产技术规程》等11个地方标准。然而，光有地方还不够，推进农业品牌标准化进程中，资金是必不可少的，无锡市在农业标准化方面做的工作值得学习。无锡市

鼓励推进绿色食品、有机农产品、地理标志农产品等绿色优质农产品基地建设，对获得部级绿色食品原料标准化生产基地、省级绿色优质农产品基地证书的，每个分别给予最高 15 万元奖补。

此外，要强化相关部门对农业品牌的监督管理工作，尤其在打击冒用区域公用品牌，维护品牌形象和信誉时应强化部门协调，避免出现管理漏洞。各地市应着重加强重要区域公用品牌的监管，例如淮安市的"淮味千年"、连云港市的"连天下"等，这类品牌相对更容易遭到冒用。监管部门要做到强化农产品质量管控，保证所有"淮味千年""连天下"等品牌授权产品质量安全达到全国农产品全程质量控制体系规范要求，并加大对假冒、质量不过关的产品的打击力度。

江苏省还需进一步推进农产品质量追溯体系的完善，单靠增加抽检频率和力度是不够的，监管部门也没有精力对大部分市场农产品进行检测。目前一些地市在完善追溯体系上是较为领先的，其经验可以加以推广。例如盐城市全市入网追溯主体达到 2257 家、打印使用溯源标签 31.9 万张，渔业创省级水产品质量安全可追溯示范企业 15 家，在农产品追溯方面投入较多；常州则着重推动现代农业产业示范园建设，园区内农产品质量可追溯企业数量达到了 52 家。

四、提高规模化程度，加快产业融合

江苏省各地政府应全力支持龙头企业的规模化，尽可能地为农业生产主体的壮大提供资金等必要条件。如无锡市为支持农业龙头企业升级改造，鼓励农业龙头企业发展壮大，对符合农业龙头企业升级改造的项目，以贷款贴息形式给予最高 50 万元奖补。江苏省政府应引导新型经营主体与农民建立契约型、分红型、股权型合作模式，大力推广"公司＋合作社＋农户""公司＋种养小区＋农户""公司＋专业村＋农户""公司＋订单＋农户"等联农带农模式，让广大农民在产业发展中同步受益，同步提升，同步发展。继续鼓励农业龙头企业牵头组建联结紧密、资源共享、产业链长、带动力强的农业产业化联合体，发挥章程的规范约束作用，将农业龙头企业与农民专业合作社、家庭农场、种养大户等经营主体有机结合，形成独立经营、共享发展的整体。

调研资料显示，无锡市特色种养和特色食品共计 42 种，包括水蜜桃、河豚、马蹄酥等品种，2018 年产值共计 11.5 亿元，然而，多是属于初级农产品，存在产业链延伸性不够的问题。此外，据统计，2019 年，无锡市休闲农业和乡村旅游接待游客超过 2100 万人次，营业总收入达到近 30 亿元，占比较为可观，无锡市可以进一步开发乡村旅游、休闲农庄等，把阳山水蜜桃等特色农产品品牌继续做强。无锡市政府对农业产业化联合体已经逐渐重视，为鼓励新型农业经营主体以利益联结为纽带实现一体化农业经营，无锡对认定为国家级、省级农业产业化联合体和符合条件的市级农业产业化联合体项目，分别给予最高 50 万元、30 万元、10 万元奖补。

据调研，连云港市食用菌产业也存在产品的精深加工环节薄弱、加工程度低、创新产品少等问题。当地食用菌产业大多以生产鲜菇为主，鲜品、干品销售约占销售量的 90% 以上，保健品、休闲食品、调味品、即食食品等几乎没有，产业链不长，市场竞争力不强。

盐城市在推动产业融合方面，应用好用足黄海湿地世遗金字招牌，结合"千里风景廊道"建设，大力推进农业与旅游、康养等产业深度融合，推出一批精品景点、精品线路、精品民宿，不断丰富乡村旅游业态，大力实施质量兴农品牌强农战略，创立一批"土字号""乡字号"特色产品品牌，打响盐城农产品"金字招牌"。

五、推动农业机械化，加大科技投入

江苏各地市政府应加大对鼓励农机装备应用和转型的奖补力度，尽可能地为农机化推广应用排除困难。例如，淮安市着力加快"宜机化"改造，加大对畜禽养殖、虾稻共作、设施园艺等农机的补贴力度，全市农业综合机械化水平达 88%，其中粮食作物达 93%，建成省级粮食生产全程机械化示范县 3 个、无人智能农场 1 个，秸秆机械化还田率 52% 以上；无锡市则为支持农机化和农机装备转型升级，重点开展农机化推广应用，对符合条件的农机化推广应用项目，给予最高 50 万元奖补。

同时，加大科技投入，并注重品牌农产品自主知识产权，科技含

量是品牌实力的集中体现。江苏省应积极推动各地市农业科技系统创新体系建设，搭建一批农业科技创新合作平台；推进农业科技推广服务体系建设，每年开展一批关键核心技术攻关，集成一批先进适用科技成果，打造一批农业科技创新与示范推广载体；探索创新农业科技创新运行机制，培养一批农业科技人才队伍，壮大一批科技型农业经营主体。力争提高各地市农业科技竞争力和全要素生产率，增强农业农村科技创新整体实力，提高科技支撑引领产业发展水平和科技服务水平，目前各地市农业科技贡献率普遍在 60% ~ 70%，应设定目标达到 70% 以上。

第四章 国内外发达地区农业品牌建设典型案例和先进经验

日本、新西兰等国家均是农业强国，品牌农业比较发达，创建了很多世界级农业品牌，例如日本的松阪牛、越光米以及夕张哈密瓜等，新西兰的乳制品、奇异果等，均是闻名世界的农产品品牌。中国是农业大国，但农业品牌发展水平相对滞后，在一些高端农产品竞争方面不占优势。由于地域分布广泛，领土面积960万平方公里，东西距离5200公里，南北距离5500公里，地域气候、资源禀赋及农业基础具有较大差异性，农业品牌化发展具有特殊性、差异性以及困难性，但仍产生了一批农业强省，例如山东、福建、浙江、四川等，创建了包括黑龙江寒地黑土、内蒙古的呼伦贝尔草原羊肉等在内的一批名列全国的知名农业品牌。根据2019中国区域农业品牌影响力排行榜（110强），江苏仅上榜9个品牌，居于山东、福建、浙江、四川之后。本部分检索国内外先进的农业品牌建设典型案例，分别从区域农业产业品牌、区域农业形象品牌、农业企业品牌和农产品品牌4个方面（任荣，2012），选取8个国内外典型案例，了解地域文化、企业人文、政策背景等，梳理其品牌发展历程，掌握品牌创建、培育、维护、管理、创新等手段，全面了解品牌产生、发展、成熟过程及相应的资源、管理等，进而为江苏的农业品牌强省建设提供先进经验借鉴依据。

第一节 区域农业产业品牌

一、国外：日本"松阪牛"

据不完全统计，日本的牛类品牌超过300多种，而松阪牛的品牌形象则更多象征着神圣、传统和本土文化的底蕴。松阪牛是一种知名的高级牛肉，是日本三大和牛之一，同时也是日本和牛中最高级、最昂贵的品牌，需从日本全国引入血统纯正的 12 月龄牛犊，在松阪市规定的固定地区（松阪市周边的 22 个町村）饲养 3 年，饲料以大麦和豆类等混合饲料为主，同时喂食啤酒开胃防止食欲下降，烧酒全身按摩防止皮下脂肪不均匀，全程实施监控和管理，并进行严格的检疫和肉质的评级。同时，经过分级认证的、获得更高等级的松阪牛具有更高的品质和价值。经过一系列复杂的选种、培育、育肥、认证、加工等操作，每年能够获得的松阪牛的数量非常之少，据 2017 年统计数据，全年出栏松阪牛 7400 头左右，其中仅有 370 头经过了 900 天的育肥。[①]经过认证并且高级认证的松阪牛肥瘦相间、纹理均匀，称得上肉类中的艺术品。在一次"最想尝之品牌牛排行榜"的评选中，松阪牛品牌从 149 品牌牛肉种脱颖而出，以 1180 票荣获最想吃牛肉，这背后是多方共同努力的结果（见图 4-1）。[②]

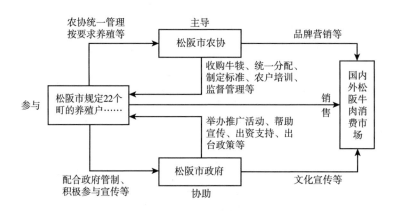

图 4-1　松阪牛品牌经营模式

资料来源：笔者自绘。

---

① 宋宇翔. 日本和牛解禁了！松阪牛、神户牛…这些品牌都有哪些区别？［DB/OL］知味葡萄酒杂志，https://tastespirit.com/p/94902.html.

② 吴倩. 日本推出最想吃牛肉排行榜 松阪牛居首［DB/OL］. 中国新闻网，https://www.chinanews.com.cn/gj/2015/02-15/7066095.shtml.

（一）品牌缘起

特殊的历史渊源是"松阪牛"品牌成就的根基。早期，日本的牛主要用于耕种而非食用，直至19世纪，受西方文化影响，日本开始逐渐形成吃牛肉的习惯。初期，耕牛退役后被卖掉以食用，随着牛肉食用习惯的深化，一些人开始养殖肉牛。后来，随着人们对牛肉品质需求的提升，以及日本为适应经济全球化而发起的品牌农业政策，催生了养殖户对肉牛养殖的精细化、精致化、高质量管理。1935年，松阪牛在东京芝浦市场首次"全国肉用牛畜产博览会"一举成名，获得最高奖。

（二）品牌故事

文化底蕴是区域农业产业品牌的生命力，品牌故事则是文化传播和产品推广的媒介。松阪牛的品牌相关故事比较丰富，主要有三个方面。

（1）身份高贵说。1872年之前，牛肉是穷人的食物，直到明治天皇吃了第一块牛肉，食用牛肉开始成为风潮。松阪牛是日本三大和牛之一，血统监控严格，早期专供日本天皇食用，代表了神圣、传统和本土文化底蕴。

（2）养殖考究说。松阪牛农场主在养殖过程给牛喝酒和按摩，养育中的高品质待遇，增加了消费者对松阪牛品牌的高端印象。

（3）松阪牛神灵说。诞生于松阪牛协会组织的牛肉品评会或者松阪牛节上的最好品质的"女王牛"不仅不会被售卖，而且会被送到三重县的伊势神宫供奉给神灵，当地人传说是农业和畜牧之神"丰收大御神"保佑当地年年丰收，赐予他们松阪牛。这些品牌故事无一不向消费者传达松阪牛的高品质、尊贵、神圣等品牌形象，增加松阪牛品牌的价值，将松阪牛打造成"肉类中的艺术品"，为消费者传达松阪牛的培育过程尊重自然、尊重食物、细心保质等信息。

（三）品牌培育创建和营销维护手段

松阪牛品牌的培育创建、营销推广和维护保障方面具有很重要的借鉴意义。

（1）品牌露出推广。如多种多样的展览会、品鉴会以推广品牌牛，同时也有针对松阪牛的特设展会，例如每年 11 月底举办"松板肉牛促进会"，其中 2002 年一头松阪牛的竞拍价格高达 5000 万日元。[①]

（2）严格的品质判定标准。一是血统纯正（黑毛和牛）；二是产地正宗（出自三重县松阪市制定的 22 个町村）；三是肉质纯正，饲养过程不施打激素、抗生素等药物，出售前必须经过非常严苛的专业评估获得其等级认证评价。松阪牛具有两种认证体系，一种是精肉等级和肉质等级相结合的等级认证，其中 A5 级是最高标准的松阪牛肉；另一种是通过牛肉脂肪纹理评定的 BMS 体系（Beef Marbling Standard），其中 12 级代表牛肉脂肪比例、杂交程度最好。

（3）信息化保障全程可追溯。每头松阪牛都有身份认证，并且要录入个体识别管理系统，经过全程监控和管理，拥有一套完善的质量、身份、养殖等可追溯体系。

二、国内：呼伦贝尔草原羊肉

呼伦贝尔草原羊肉是依托本市天然牧草场、特有的草原文化和游牧文化而形成的品牌（经营模式见图 4 - 2）。呼伦贝尔草原是呼伦贝尔草原羊肉的品牌背书，是世界上的保存最好的天然草原之一，素有"北国碧玉""牧草王国""天堂草原"之称，约有 120 多种牧草，草种资源丰富，拥有 993 万公顷天然草场（阿荣，2015）。呼伦贝尔羊是由巴尔虎品系（半椭圆状尾）和短尾品系（小桃状尾）所组成的地方优良肉用绵羊品种。经过长期的自然和人工淘汰选择，具有抵御恶劣环境、耐寒、保育性强、肉质好无膻味等优点，主要面向具有一定消费能力的高端消费者，以"世界的大草原中国的好羊肉"为口号。自品牌创立以来，呼伦贝尔草原羊肉获得了"2019 中国农产品区域公用品牌·市场新锐品牌"奖。

---

① 张蕾. 日本"松阪牛"世界最昂贵［DB/OL］. 中国青年报，http：//zqb. cyol. com/content/2005 - 11/24/content_1207879. htm.

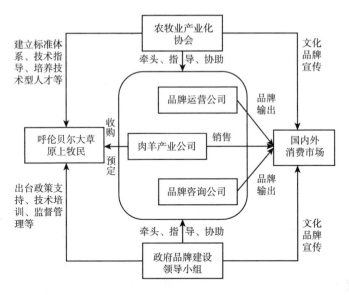

图 4 - 2　呼伦贝尔草原羊肉品牌经营模式

资料来源：笔者自绘。

（一）品牌缘起

呼伦贝尔羊拥有悠久的养殖历史，分别经历了自然选择（1940～1980年）、人工科学选育和养殖（1981～2001年）、规模化及集约化优质选育和养殖（2002年至今）等几个阶段，长久以来积累的养殖经验和游牧经验成了呼伦贝尔草原羊肉品牌的根基。此外，呼伦贝尔大草原是北方多个游牧民族的主要发祥地，被称为"中国北方游牧民族摇篮"，形成了独具特色的、悠久的草原文化和游牧文化。

（二）品牌故事

（1）有机天然、绿色生态说。呼伦贝尔草原羊肉产业紧贴习近平"绿水青山就是金山银山"的战略思想，坚守生态底线，依托于得天独厚、绿色生态、天然有机的自然资源，形成了呼伦贝尔草原羔羊肉产业以及相应品牌。呼伦贝尔草原"生态羊""以草定牧""1公顷草地一头羊""吃的是中草药，甚至只吃草尖"等情况彰显了呼伦贝尔草原羊肉的有机、天然、绿色、生态、健康、珍贵等。

（2）文化底蕴说。呼伦贝尔草原羊紧紧依靠呼伦贝尔大草原得天独厚的草原文化、游牧文化、民族文化，其游牧、养殖经验由历史传承，不同季节、不同时段都有针对性的喂养牧草的品种和放牧方式。独特的掏胸宰杀方式，区别于其他肉羊，增添了呼伦贝尔草原羊肉品牌的文化内涵与文明特色，向消费者传达呼伦贝尔草原羊肉是"天地之精华，上天的礼物"的信息，以及具有古老文明和文化底蕴的品牌形象。

（三）品牌培育创建和营销维护手段

（1）标准体系、追溯体系的建设以保证优质。农业品牌持久的生命力最终还是要取决于其产品品质的把控，高品质才是好品牌的生命力和根基。为保证呼伦贝尔草原羊肉的品质，呼伦贝尔市制定了涵盖育种、牧养、生产加工、仓储运输、品种等各个环节的团体标准（《呼伦贝尔羊品种标准》），升级生产和加工技术，开发更优质的产品，已经开发了30多种优质的草原羊肉产品；建立产品质量安全可追溯体系，《呼伦贝尔草原肉羊产业发展保障与追溯体系建设项目》逐渐落地，涵盖产地、羊种、饲养、屠宰、加工、物流、销售等多项信息。2019年，有70万只呼伦贝尔羊建立了追溯体系，有11家羊肉企业加入了追溯系统，推进了产品质的提升和品牌的运行。①

（2）全面的政策、制度支持。除了针对全国的农产品的品牌建设政策文件，内蒙古以及呼伦贝尔也颁布《农牧业品牌提升行动计划》《内蒙古自治区加快推进重要产品追溯体系建设实施方案》《呼伦贝尔草原羊肉区域公用品牌发展战略策划编制》等，共同构建品牌运营体系。

（3）线上、线下宣传推广活动。通过线上、线下多项活动和多种广告展开宣传，独家赞助第十四届全国冬季运动会，举办"内蒙古味道·呼伦贝尔12味"以及"呼伦贝尔草原羊肉美食文化节活动"特别推广呼伦贝尔草原羊肉品牌；积极开展"世界的大草原中国的好羊肉"圆桌论坛、品牌战略发布会，借助中国烹饪协会、自治区餐饮与饭店

---

① 来源可查去向可追 呼伦贝尔羊肉建立食品安全追溯体系［DB/OL］. 新华网，https：//baijiahao. baidu. com/s？id = 1643525070561411205&wfr = spider&for = pc.

行业协会、市人民政府共同推介，吸引中央电视台、中新社、人民网、农民日报等60多家媒体争相报道，并借助会议和圆桌论坛与12家企业代表签订品牌授权合同，9家知名餐饮企业获得指定品鉴点的授牌。[①]

（4）专业化品牌建设。建立多方合力运行机制，包括农牧业产业化协会、品牌建设领导小组、品牌运营公司、品牌运行咨询公司等多个主体的共同参与，特别成立公司以进行专业化的品牌运作，注册"呼伦贝尔草原羊肉"商标。

（5）服务优质化以提升口碑。通过与业内先进冷链物流公司合作，实现安全、迅速地从草原到餐桌，实现了全国117个流向2天时效，206个流向3天时效。2019年，呼伦贝尔市通过顺丰速运累计输出313.7万公斤牛羊肉生鲜产品。[②]

第二节　区域农业形象品牌

一、国外：新西兰乳业

长久以来，新西兰以其优质牧场为依托形成的优质奶源，催生了一批优质的乳业集团，也随着市场口碑度、市场份额的逐渐积累，形成了一个具有很强竞争力的区域农业形象品牌，在国内消费者心中，新西兰乳业是高品质和安全的代名词，这是长久以来积累的品牌形象。新西兰乳业的成功在于其对自然资源的有效开发和利用，新西兰得天独厚的优势条件、适宜的气候、优质的牧草奠定了行业生存的根基。长久以来形成的低成本的奶牛养殖系统，有技术、有积极性的农场经营者和员工，政府的出口导向，产品的完整性和国际市场上的可靠信

[①]　世界的大草原 中国的好羊肉 呼伦贝尔草原羊肉品牌战略发布会在京举行［DB/OL］. 呼伦贝尔发布，https：//baijiahao. baidu. com/s？id＝1641196778552708936&wfr＝spider&for＝pc.

[②]　呼伦贝尔大草原牛羊肉乘"专机"运全国［DB/OL］. 新浪财经，https：//baijiahao. baidu. com/s？id＝1666438271098035532&wfr＝spider&for＝pc.

誉，共同成就了新西兰区域农业品牌形象。新西兰拥有 268021 平方公里国土面积，人口 492 万（截至 2019 年 6 月），新西兰将 42% 的国土面积用于发展畜牧业或与畜牧业有关的饲草种植、备耕（沙米拉·色依提、邓峰，2015）。新西兰的奶产品主要用于出口，只有不到 10% 用来满足当地消费者的需求。新西兰乳业主要基于牧场放牧，对奶牛实行牧草饲养，充分利用了新西兰丰富的草场资源，降低了奶牛养殖成本。新西兰奶牛场均为商业实体，由私人拥有并经营，以市场为导向且具有规模经济效益。在整个新西兰牛奶的生产和加工环节中，都有良好的利益联结体系，能够让奶农、农场主、牧工、牛奶加工企业各司其职，形成了良好的奶业行业生态。这种共赢共生的利益结合模式也是新西兰乳业品牌形象的后盾。截至 2020 年 3 月的年度数据显示，新西兰乳制品出口达 162 亿新西兰元，是近五年来首次超过旅游服务（同期 159 亿新西兰元）成为新西兰最大的出口商品。① 其品牌经营模式见图 4 - 3。

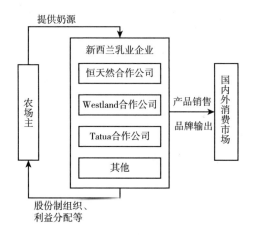

图 4 - 3　新西兰乳业品牌经营模式

资料来源：笔者自绘。

---

① 乳制品近五年来首次超过旅游服务成为新西兰最大出口商品［DB/OL］. 中华人民共和国商务部，http：//www. mofcom. gov. cn/article/i/jyjl/l/202006/20200602970335. shtml.

（一）品牌缘起

乳业是新西兰经济的支柱产业，拥有悠久的历史。新西兰第一个乳品加工厂建立于 1871 年，经历了规模不断扩大和数量不断减少的过程，1935 年，新西兰大约有 500 个乳制品合作企业，到 1985 年降至约 100 个，到 2000 年仅为 4 个，得益于 20 世纪 80 年代开始的经济和农业政策的重大改革。目前，通过不断整合，具有规模经济效益的奶牛养殖场不断涌现，于 2001 年形成三家乳业巨头，即恒天然、Westland 和 Tatua 三家合作乳制品公司，这些公司主要是牧场主和奶农所共同拥有的合作制乳制品加工企业，其中恒天然由接近全国 90% 的牧场联合组建而成，股份由 1 万多个牧场主共同拥有，在新西兰的市场占有率在 80% 以上。[①] 新西兰农业政策高度依赖市场运作，给农民带来真正的挑战，但转为以市场为导向的政策也使得这些农场主更注重企业的未来，更加专注品质。

（二）品牌故事

绿色安全说。新西兰被誉为"地球上最后一片净土"。新西兰天然牧场和农场约占国土面积的一半，广袤的森林和牧场使其成为名副其实的绿色王国。为了保护新西兰"青和净"的形象，政府对工业的控制非常严格，空气几乎没有污染，环境综合指数及环境表现指数均位于世界前列。在如此纯净的生态环境下有优良的奶牛品种产出的高质量奶制品，促进了新西兰乳业的天然、纯净、安全、高品质品牌形象的形成。

（三）品牌培育创建及营销维护手段

（1）建立并执行标准体系以把控品质。新西兰十分重视牛奶的品质与安全，有着世界上最为严格的奶制品质量监管制度。从养殖、收奶、加工到运输的整个产业链都有严格的质量监督标准，对于设施建设和生产流程同样有规范的标准。

---

① 年销售 180 亿！大中华区为全球乳制品巨头恒天然贡献关键增长 ［DB/OL］. 面包财经，https：//baijiahao. baidu. com/s？ id = 1611483981239468001&wfr = spider&for = pc.

（2）第三方检测和评估制度。新西兰建有独立的第三方检测和评估制度，由官方授权和具有认证资格的实验室以及风险评估机构负责，确保了标准的执行。

（3）独特的股份制组织模式和利益分配模式保证了质量。新西兰主要的乳业企业采用股份合作生产模式，股东（即农场主和奶农）向企业供奶量决定了企业股份及利益分配，这种股份制组织模式和利益分配模式加强了农场主与加工企业的利益相关性，使得农场主十分注重奶源的质量，并积极关注企业的长远发展。

（4）竞争自由市场的优胜角逐。新西兰是全球最大的奶油、脱脂奶粉和全脂牛奶的出口国，也是第二大奶酪出口国，如此成绩没有依靠政府补贴，也没有依靠贸易壁垒刻意保护，而是通过农业经济改革大大促进了市场化运作，最终形成如此龙头企业引导品牌发展方向的局面。

二、国内：寒地黑土

寒地黑土这一区域农业形象品牌于 2004 年在国家工商行政管理总局商标局获得注册，曾获得中国驰名商标、中国知名品牌、全国首届农产品十佳区域性品牌、中国十大诚信品牌等诸多荣誉，其品牌价值估值 123.08 亿元，且在全美联邦和欧盟 27 国获得注册通过，连续三年（2010 年起）蝉联"中国农产品区域品牌"第一名，以寒地黑土为依托的"五谷杂粮下江南"活动被评为"2018 年中国区域农业品牌十大营销案例"以及 2018 年的中国区域农业品牌影响力十强品牌。① 寒地黑土最初由政府助力打造，通过特设的寒地黑土农业物产协会，再到后来成立的寒地黑土集团，都是寒地黑土最有力的品牌背书。寒地黑土区域农业形象品牌的出现，具有重大意义，整合了东北黑龙江地区的不同农业产业品牌，减少了品牌的同质化竞争和合力不足等问题。其成功不仅得益于其优秀的地质资源和农业资源，还得益于其专业化

---

① 地标品鉴：估值 123 亿！"寒地黑土"是怎样做强区域农业品牌的？［DB/OL］. 搜狐，https：//www.sohu.com/a/317732429_120016364.

的品牌运作，是寒地黑土物产协会和寒地黑土集团等共同努力的结果。其农业品牌经营模式如图4-4所示。

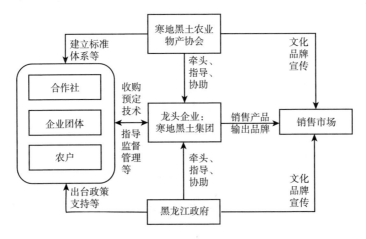

图4-4　寒地黑土品牌经营模式

资料来源：笔者自绘。

（一）品牌缘起

"寒地黑土"是依托黑龙江省的黑土带产出的农产品建立的一个区域农业形象品牌，特殊的黑土地为农业品牌的建立奠定了独特的资源禀赋基础。寒地黑土品牌的形成最早要追溯到2003年，品牌出现的初衷是为了整合品牌力量，去同质化竞争，打响黑龙江农产品的品牌。2003年，绥化市率先提出"寒地黑土概念"，政府牵头，87家农业企业为发起主体，并在国家工商行政管理总局完成商标注册，同一时间，设立了黑龙江寒地黑土农业物产协会以促进寒地黑土品牌的建立等工作。随后，为了进一步促进寒地黑土品牌发展，2008年，基于黑龙江省供销合作社和黑龙江寒地黑土农业物产协会成立了寒地黑土集团，作为全国供销合作社确立的农业产业化龙头企业，寒地黑土集团同时也在美国（2007年）和欧盟（2010年）进行了商标注册。2009年起，寒地黑土屡获殊荣，发展至今，寒地黑土集团通过专业化的品牌运营手段进一步将寒地黑土品牌推广至全国、全世界。

（二）品牌故事

独一无二的土地资源禀赋说。寒地黑土代表的不仅是黑龙江绥化市创立的寒地黑土区域农业形象品牌，同时也是一种土地资源的名称，世界仅有三个留存的黑土资源区域，其中黑龙江省绥化市地处的松嫩平原腹地的寒地黑土核心区是唯一保存完整的黑土带，同时也是世界黄金玉米带、黄金奶源带和优质非转基因大豆生产带。有"土地之王"之称的黑土在农产品生产上具有得天独厚的自然资源优势。黑龙江河图带地处寒温带，置身于大小兴安岭的大环境之中，年温差超过60℃，日温差 10～15℃，大量的枯枝落叶缓慢分解腐化，经过了千百年后形成了肥沃的黑土地，有机质含量是黄土层的 10 倍，是极为稀缺的战略资源。加之夏秋两季降雨频繁，黑土的保水能力强，水稳定性好，根系微生物活跃，具有良好的保肥和保水功能，其土壤肥沃，土质疏松，有机质含量高，最适农耕，在这里生产的农产品绿色安全，营养丰富，有机健康，质量上乘，在为消费者提供高品质农产品的同时，还带给消费者一种心理慰藉、精神安全以及美好回忆。

（三）品牌培育创建及营销维护手段

（1）团体标准的建立和国际标准的对接。政府、物产协会和寒地黑土集团合力制定"寒地黑土"系列产品生产标准和技术操作规程，鼓励相关企业制定高于地方和国家的标准，对接国际标准体系，并建立从生产到销售各个环节的质量安全标志识别体系和可追溯体系，以此来严格监管生产加工主体。为了进一步保护品牌，制定了《寒地黑土证明商标使用管理规则》《寒地黑土证明商标使用管理办法》《寒地黑土证明商标使用权申请程序》等，提高寒地黑土品牌使用的进入门槛，只选择名、优、新、特产品加工企业以及资本雄厚、信誉好的企业投资和加盟，确保产品质量。

（2）参与品牌宣发会展和相关活动。通过多种方式向大众传播寒地黑土品牌，不仅有展销会、各种活动、现代媒体等线上线下宣传形式，还包括经济论坛、文艺演出等品牌宣传形式。例如，寒地黑土集团协同省政府、农委联合推出"我在黑龙江有亩田"线上线下营销活动。

（3）政府的强力推动。黑龙江省政府以及绥化市政府在寒地黑土品牌形成过程中主要担负着引导、监督和服务的职能。从最初的政府牵头、战略部署，到后来的列入"十二五"发展规划、批准筹建50亿元的寒地黑土股权投资基金，均是政府对寒地黑土品牌建立的强有力支持。

（4）专业化的品牌运营。寒地黑土在品牌运营方面，注重对品牌、企业、合作社和农户的整合，通过整合合力推动品牌发展，并且还注重对知识产权的保护、对企业集群的管理等，均是品牌专业化运营的手段。寒地黑土集团作为品牌运营主体，在生产、加工端，整合农业企业、农业合作社以及农户，统一进行监督、管理和协助。在流通和销售端，开展线下旗舰店、直营店、专卖店、超市专区等的布局，对接线上天猫优品地标产品原产地旗舰店、阿里巴巴淘乡甜直供直销供应链项目及贝店平台等，逐步开拓京东、苏宁等线上渠道，并且展开对外贸易，进入国际市场，疏通上下游网络。寒地黑土集团整合了原有散、乱、小的农业品牌，也整合了其积攒的市场，通过品牌整合运作、品牌共享机制，进一步提升原有品牌和寒地黑土的市场竞争力和品牌形象。寒地黑土农业物产协会对寒地黑土品牌拥有所有权，会员企业拥有使用权，而寒地黑土集团依据物产协会制定的《加盟企业管理办法》，选择性地与相关企业进行对接，从品牌标志的使用源头控制了品牌经营的风险。不仅有黑土带农业企业的加入，还有内蒙古伊利、南京雨润、美国绿土地、浙江环宇等大公司加入，体现了寒地黑土这一品牌较高的无形资产。

第三节　农业企业品牌

一、国外：新西兰佳沛奇异果

"佳沛（ZESPRI）"是受托于新西兰奇异果果农的行销公司，最初由2700多名果农合资成立，也是全球知名的水果品牌，奇异果是新西兰国果。作为全球奇异果市场的领导品牌，占全球奇异果市场约30%的份额，每年向全球70多个国家和地区销售约1亿箱的奇异果。[①] 因其适宜的气候、地理环境、资源条件，新西兰出产的奇异果品质优良、香甜可口，口碑良好。2017年，佳沛在中国的销售额超过5亿新西兰元（约合22.5亿人民币），占全球销售总额的20%。[②] 佳沛奇异果在中国的市场份额很大，仅通过百果园这一渠道，2017年、2018年、2019年分别卖出了107万箱、178万箱、243万箱。[③] 在全球的签约奇异果园面积达到1.4万公顷，总产出49万吨。[④] 其经营模式见图4-5。

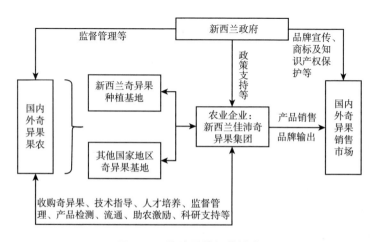

图 4-5　佳沛品牌经营模式

资料来源：笔者自绘。

（一）品牌缘起

新西兰早期没有种植奇异果的传统，得益于后期的种子引进和扩大种植。1903年，一位前往中国旅游的女教师将猕猴桃的种子带回新

---

① 奇异果入侵：起源中国，为什么却被新西兰做成了世界第1？［DB/OL］. 正解局，https：//baijiahao. baidu. com/s? id=1668541568155682797&wfr=spider&for=pc.
② 何天骄.“计划经济”奇异果一年卖出百亿元，中国果农拼不过［DB/OL］. 第一财经，https：//www. yicai. com/news/5430931. html.
③ 新一季首船佳沛奇异果到港 百果园再度抢鲜首发［DB/OL］. 中国新闻网，https：//baijiahao. baidu. com/s? id=1662919551669565395&wfr=spider&for=pc.
④ 看到差距 找准定位 进口奇异果正面来袭 猕猴桃的出路在何方？［DB/OL］. 红心猕猴桃网，https：//www. pujiangmihoutao. com/38461. html.

西兰，辗转送到果树种植专家手中，再逐渐形成大规模种植，恰好新西兰本土的自然和土地条件非常适合种植猕猴桃，通过专家多年的培育和改进，产生了口感和品质更高的奇异果品种，促进了新西兰当地奇异果果农队伍的壮大，也促进了新西兰奇异果产量和销量的提升。新西兰佳沛奇异果企业品牌是依托于当地的奇异果产业形成的。随着奇异果果农行列的逐渐壮大，国内市场品牌同质化竞争、标准落后、生产主体小散乱的状况显现，加之美国反倾销和日本经营商的倒戈形势严峻，"新西兰奇异果营销局"应运而生且名声逐渐响亮。随着国际市场的同质化竞争逐渐激烈，国内外消费者对优质品牌的需求逐渐增加，营销局更名为新西兰佳沛奇异果国际行销公司。1997 年，推出了"佳沛"品牌并最终由佳沛公司来展开销售和品牌运营，通过政府主导形成企业化运作，企业带产业，产业促进经济发展，并形成品牌化、规模化、组织化的生产经营。

（二）品牌故事

100 多年来积攒的奇异果的种植文化扎根于佳沛这一品牌的内涵里。例如，对品质、生态、健康、活力充沛等的追求，对果子的高标准要求，均是现在佳沛奇异果品牌形象的表现。新西兰种植猕猴桃（后命名为奇异果）的历史并不久远，传承的种植文化并不厚重，但是在品牌塑造、营销方面做足了工作。

（1）果品命名。猕猴桃最开始从中国引进到新西兰，当地将其命名为"宜昌醋栗"，由于名字拗口改名叫"mellonette"（即美龙瓜），又由于瓜类税费较高等原因，最终改为了用新西兰国鸟"kiwi bird"进行命名，叫"kiwi friut"，也就是现在认知度非常高的奇异果，不仅仅有一百年种植历史的猕猴桃（奇异果）产品与新西兰国家建立了联系，赋予了奇异果品牌符号和文化内涵，而且在新西兰本土有非常高的接受度。

（2）品牌命名。为了进行佳沛奇异果的品牌宣传，对消费者进行了调研，将消费者的描述输入电脑进行排列组合，最终形成了佳沛（zespri）这一新词汇。就如同消费者心里认为的，佳沛奇异果代表着活力、充沛、健康、营养、生命气息、能量饱满等。虽然没有历史文脉和文化背景支撑，但通过产品高品质、优秀的品牌形象，佳沛成了世界最大的奇异果公司。

（三）品牌培育创建和营销维护手段

新西兰佳沛奇异果是一个农业企业品牌，但是也存在其特殊之处，其企业文化和新西兰奇异果长久以来的产品形象共同构成了最终佳沛品牌形象的背书。

（1）产品质量保证体系和质量安全可追溯体系。科学培育、精细管理是佳沛奇异果高品质的保证，而高品质才是佳沛奇异果品牌的核心。完善的生产、分销以及质量管理体系，建立质量安全可追溯体系，保证了奇异果的产品质量、安全及高标准，在产品育种研发、种植标准、施肥用药、拣选、冷链物流、销售渠道等方面建立非常高的标准来进行产品品质方面的把控和约束。1977 年，创立了"佳沛产品质量保证体系"，并随着市场的扩大、需求的增加、品质要求的提高逐渐完善这一体系，对培育地的选址、果树的剪枝、授粉、施肥、采摘、收获、检测、分装、运输多个环节进行精细管理和规划，从而保证生产的奇异果的高品质。例如，为了保证运输到消费地时的奇异果的最佳口感，采摘前的 97% 的测试果子的标准甜度要达到 6.2，才能进行后续的统一采摘、检测和运输等环节。

（2）品牌宣传活动。佳沛公司将佳沛奇异果定位成优质价高的高端水果，打造"水果营养之王"的品牌形象，倡导健康生活饮食，在消费者脑中使佳沛奇异果与营养健康高端的品牌联系起来，进而在全球化竞争激烈的市场中抢占高端市场。佳沛公司在进行品牌宣传活动时遵循着因地制宜的原则，在不同的国家实行不同的宣传策略，并根据当地消费者的产品消费诉求，定制合适的品牌形象，但是产品质量是唯一不变的。例如，以中国市场为例，佳沛公司在北京、上海和广州三地分别展开了以传统戏剧、时尚和品味、营养和高端三个主题的宣发活动，并联合上海市营养学会，开展了一系列的营养健康普及活动。

（3）从源头保证产品质量。佳沛公司还从根源上进行产品质量和品牌形象的维护，即通过标准化的生产流程和良性循环的农户管理体制，例如为果农预支30%的保证金，保底收购，激励果农种植奇异果，并严格控制果农的种植规模，具体约为3.33公顷（约为50亩），在保证收获果子品质的同时也保证了果农的收成，确保果农愿意加入奇异果的种植行列。据统计，约有2800家本土种植户和1500家海外种植户①，对果农进行激励，确保产出奇异果的产量和品质的稳定性。同时，佳沛在产品研发环节的不断创新和积累也是佳沛品牌的成功之道，佳沛与新加坡政府合作建立奇异果种库，涵盖10万品类奇异果品种，这也使得新西兰经历了奇异果溃疡病的大洗劫之后，能够选育具有抗病能力的阳光金果进行大规模种植，重新获得了市场生命力。例如，佳沛的"sun gold"（阳光金果）是佳沛公司历经14年培育出来的品种，外形、口感、味道、营养密度等各项指标均表现优异，营养密度高达18.7，约为苹果的10倍多，而绿奇异果仅为11.4。

（4）政府部门的大力支持和严格监督管理。佳沛奇异果世界闻名离不开新西兰政府全方位的政策支持和严格监管。新西兰政府一方面大力倡导果农科学种植奇异果，另一方面，颁布法令严格规制奇异果从种植、生产再到运输和销售多个环节的各种细节，最终才形成如此局面。制定法规严厉要求果农不能擅自向国际销售新西兰的奇异果，并严格遵照种植、生产、加工、运输等多环节的标准体系，统一种植、培育、看护、采摘，最终统一经过佳沛公司垄断销售经营。

二、国内：百果园水果连锁

百果园全称是深圳百果园实业发展有限公司，是一家集水果采购、种植支持、采后保鲜、物流仓储、标准分级、营销拓展、品牌运营、门店零售、信息科技、金融资本、科研教育于一体的大型连锁企业，也是水果专营连锁业态的开创者，打造果业供应链和生态体系。以"让天下人享受水果好生活"为口号，成功打造了"猕宗绿果""爽不

---

① 新西兰佳沛启用新的标识系统2025年阳光金果销售额还将倍增［DB/OL］.红心猕猴桃网, http：//www.hongxinmihoutao.com/28083.html.

让冬枣"等品牌。百果园获得了亚洲 2015 年度果蔬零售商（奖项被誉为"生鲜奥斯卡"）、2017CCFA 中国连锁业员工最爱公司、2015 年度中国好门店、商业特许经营体系评定企业 AAAA 级、2019 年度中国优秀特许品牌奖、2019 年度中国优秀特许品牌等称号和奖项，在 2019 智慧零售潜力 TOP100 排行榜中排名第 49 名。2017 年 5 月，百果园荣获"中国驰名商标"称号。通过长久以来的努力，百果园以 67.8 亿元销售额位居中国连锁百强第 70 位，是水果零售连锁业中唯一上榜的企业。[①] 其农业企业品牌经营模式见图 4-6。

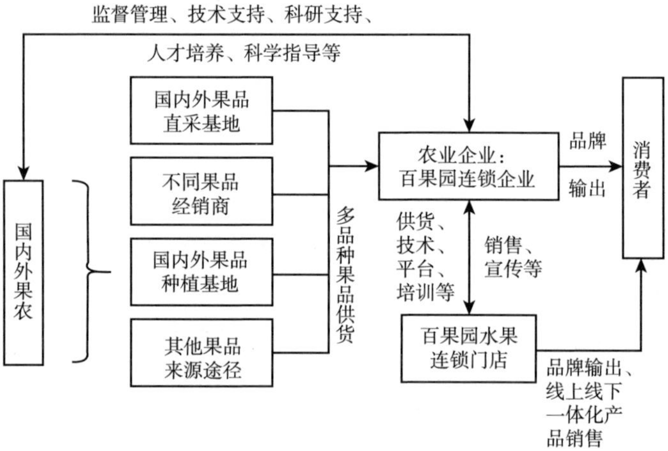

图 4-6 百果园品牌经营模式

资料来源：笔者自绘。

（一）品牌缘起

百果园的产生离不开中国市场环境，人们生活质量的提升，人们的可支配收入逐渐增多，不再满足于吃得饱，而是追求吃得好，原来的农贸市场、小摊、超市生鲜专区逐渐满足不了人们对生鲜水果的高品质需求，具有中高端水果消费需求的消费者逐渐增多。在这样的背景下，百果园应运而生，将市场人群定位为具有一定消费能力、追求生鲜品质的职业白领人群。从 1997 年发展至今，逐步成立了公司（2002 年），

---

① 中国连锁经营协会（CCFA）《2017 年中国连锁百强榜》。

并成为中国第一家水果特许连锁专卖店。截至 2020 年，百果园已经在全国 80 多个城市拥有水果连锁店，并拥有 4000 多家社区门店，利用 10 年以上时间，在全球布局了 230 多个水果合作基地，其中国产水果中 90% 来自种植基地，国内有 100 多个直采基地，包括云南的麒麟瓜（333 公顷）、美国的车厘子、新西兰的佳沛奇异果、西班牙的甜橙等，建立了完善的全球采购系统，拥有 5000 万会员。[①] 百果园在最初做水果连锁的时候也是摸着石头过河，经历了 7 年亏损，2008 年实现盈亏平衡，随后逐渐走上正轨。百果园从发展伊始到广泛布局，经历了 23 年时间，从品牌孕育到在国内具有较高的市场认知度和认可度，经历了 18 年的时间，未来的企业以及品牌发展还有很大的前景。如此的成功与百果园战略规划和品牌创造关系密切。

（二）品牌故事

（1）产品改良说。优果联专家们经过改进和培育，打造了高出同类 4 度糖度的李子，而在三年前，这款李子还叫"一口扔"，很难吃。经过了三年的努力，通过对种植条件的数次改良、指定有机肥、增加土壤有机质、进行科学和精细化管理等，最终实现了口感和糖度的提升，培育出了高品质的"不失李"。

（2）助农致富说。海南曾经的一个贫困村变成了富裕村，秘诀正是种植了金太阳蜜瓜。村里的农户在百果园的带领下，逐渐开始种植这种水果，种植面积从最初的 1.3 公顷发展到了后来的 66 公顷，农户们也盖上了小楼。村民们称这些楼为"蜜瓜楼"。

（3）利他主义。百果园的创始人常年带着一个计数器，这个计数器主要用来记录他每天心中默念"利他"二字的次数，百果园创始人坚持利他主义，让利农户，帮助种植水果的果农致富。2014 年至 2018 年，百果园的扶贫足迹遍布 17 个省（区）、52 个市（州），设计 155 款贫困水果，每亩增收 2000 ~ 5000 元;[②] 让利顾客，坚持信任顾客，

———————

① 百果园官网 [DB/OL]. https：//www. pagoda. com. cn/.
② 百果园荣获"2018 全国果业精准扶贫功勋企业"称号 [DB/OL]. 中国新闻网，ht-tps：//baijiahao. baidu. com/s？ id = 1613018268030933801&wfr = spider&for = pc

推出了"三无"退货制度；在加盟店屡次出现质量参差不齐的问题时，选择收回加盟店改为直营店，保证消费者的利益。正是这种利他主义，成就了现在的百果园。

从这三个品牌故事中可以看出，百果园这一品牌确实是体现了创始人的情怀，也代表着百果园企业利他、坚韧不拔、勇于突破的品牌文化。

（三）品牌培育创建及营销维护手段

（1）品牌形象的传达。百果园重视品牌形象建设。百果园会统一打造高端、大气的门店形象，向消费者传达高端、高品质的印象。此外，企业的核心价值观和企业文化是企业品牌的落脚点，百果园"顾客价值第一、员工发展第二、合作伙伴第三、股东利益第四、社会贡献第五"的企业核心价值观，"让每个人都能享受水果好生活"的企业使命，"成为世界第一果业公司"的企业愿景，"立宏愿、能善解、恒义利、勇精进、有成果"的企业精神，"好吃是检验水果的首要标准"的品牌定位，为品牌的口碑和形象再添一剂强心剂。

（2）标准体系和质量安全追溯体系构建。百果园品牌的成功发展是源于对水果连锁布局市场痛点的清晰认识和解决。从市场经验来看，生鲜农产品的品种繁多，并且也会有不同的级别分类，百果园试图逐步解决行业缺乏标准体系的问题。为了保证百果园的水果品质，百果园不仅合作建立了全球水果特约供应基地，而且参与育种、选种、采摘、检测等多个环节，并构建全面的生鲜冷链体系，制定并严格执行产品标准、种植标准、损耗标准、物流标准和鲜度标准5大运营标准体系。例如，在百果园，山东红富士就分为18个等级，不同等级定价不同；培养生鲜领域的专家级别人才，并派驻专家对果农进行种植指导；设计损耗管控系统并针对运输到营销15个关键节点的损耗进行控制；建成了1.6万平方米的全球物流中心，针对不同温度要求具有严苛的物流标准系统；建立了鲜度智能管理系统，减少了人工判断的失误和疏漏，并最终提高了水果新鲜度。除此之外，还建立了采购标准、品控标准、验收标准、门店标准、果品标准等，例如"四度一味一安全"的果品标准，指新鲜度、糖酸度、细嫩度、脆度、香味和安全。

通过一系列的标准的制定和执行，确保了水果的高品质、新鲜、低损耗、高安全性等。

（3）对产业链的把控。品牌是全产业链协同的结果，提供稳定的货源和品质，规模化以后最终会形成品牌。百果园的核心竞争力在于对产业链的把控。百果园致力于研发环节，深入到产业链前端，即种植阶段，从源头开始掌控，并通过加工、物流和销售其他环节的配合，打通整个产业链，构建百果园果品零售生态系统。

（4）优质服务提升口碑。百果园不仅销售优质果品，而且为顾客提供更多的优质服务，例如根据顾客需求提供果切，保证每个店员具备一定的水果专业知识，建立并严格实行的"不好吃三无（无小票、无食物、无理由）""不好吃瞬间退款"、线下"扫码退"等退货制度，使得客户的购买体验更加舒适，提高了消费满意度和忠诚度。同时，线上线下一体化发展也是百果园的品牌推广、提高消费满意度的手段之一，致力于线下体验式消费，线上小程序（App）＋外卖配送。2018年，百果园小程序用户数已经突破了1300万，日活用户突破50万，日订单突破60000单。与此同时，社群数量突破6000个，已为300多万用户提供了"线上下单＋线下自提"服务，社群和小程序作为拼团业务的主要转化阵地，已助力拼团销售额达2亿元以上。[①]

（5）专业化品牌运营。独特的"3＋2"策略是百果园发展的策略之一，其依托于信息技术、科技研发和金融资本，展开零售终端的多品牌运营和产品的品牌化，实现百果园企业和品牌的发展。百果园通过会员制营销，将消费者转化为会员，并提供个性化、差异化、精准化优质的服务，而且收获越来越多的加盟商的认可。据百果园相关数据显示，2018年1月11日到2019年3月1日，共有36994人提交意向加盟申请，签订意向加盟书601份，签订加盟合同775份，在全国新开加盟店760家。[②]

---

① 零售商业评论："社区之王"百果园：年销售破100亿，坐拥3600家店，超4000万会员［DB/OL］. https：//page. om. qq. com/page/O4MTayJ5JFYHIZ－MddYNbwjQ0.

② 手机金融界：百果园入选"2019年度中国优秀特许品牌大奖"［DB/OL］. http：//m. jrj. com. cn/madapter/finance/2019/03/21194827204337. shtml.

第四节　农产品品牌

一、国外：日本越光米

越光是一种日本大米的商标及同种水稻的品种，是一种早熟优质粳稻品种，其中新潟县鱼沼市的越光米名气最旺。越光米颗粒均匀饱满、口感香糯、晶莹剔透、味道上乘、营养丰富，价高质优，是高级大米的代表之一。越光米中人体所需的赖氨酸含量多达 0.32%，总氨基酸水平 8.97%，素有"世界米王""白雪米""不用配菜的米饭"的美誉，在中国曾经卖出每千克 99 元的高价。作为日本本土的农产品品牌，越光米的种植不仅限于某一区域，这也是农产品品牌与区域公用品牌、农业企业品牌的不同之处，虽然在世界的其他地区也有种植，但是新潟县鱼沼市的越光米最负盛名。越光米在日本稻米界的地位非常高，日本除了越光米，非常有名的"一见钟情""日之光""秋田小町"也是越光米的子品种，七星更是越光米子品种的子品种，它们种植面积均占据前几位。越光米的品质优良还得益于其生长环境，日本东北部地区的弱酸性土壤、信浓川的融雪软水和较大昼夜温差是越光品种生长的最好环境，中国也曾引进越光品种进行栽培。到 2019 年为止，仅有辽宁丹东的东港地区和山东鱼台县两个地方进行越光品种水稻的种植，但是仍有口感上的差异，日本越光米口感软糯，而国内的越光米口感韧劲十足。其品牌运营模式见图 4-7。

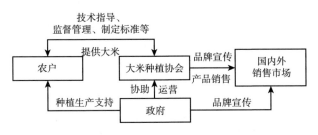

图 4-7　越光米品牌运营模式

资料来源：笔者自绘。

（一）品牌缘起

越光米的种植历史可以追溯到 1944 年，从最初的试验，再到种植经历了近 10 年之久。越光米于 1953 年在新潟县和千叶县开始种植。越光米的产品名称来自原产地福井县和新潟县的古代名称越国（州），因此将其命名为越光（1956 年），即越国（州）之光。越光米以其优质的品质获得了广泛的种植推广。1979 年至 2013 年的播种面积居日本第一。2005 年的播种比率达 38%。2000 年以来，通过不断研究和培育，对稻瘟病抵抗强的品种逐渐开发成功，这一系列被命名为"越光 BL"。2005 年起，新潟县已经广泛种植了"越光 BL"品种。

（二）品牌故事

（1）对生态和食物敬重说。越光米的种植培育过程注入当地人对食物的敬重，且日本国土面积小，对土地资源的利用率要求较高，重视可持续发展，在这样的背景下，日本对农产品品牌的塑造追求的均是质量优越、保护生态环境、耕地等资源，从而塑造了日本越光米质优价尊的品牌形象。此外，米字拆开后是数字八十八，日本民间传说要经过八十八道工序才能收获大米，寓意每一粒大米都是辛苦劳动的付出，需要食用者敬重。同时日本 88 高龄的老人也称为"米寿"。

（2）文化传承说。越光米依历史名城的身份命名，即越国（州）之光。日本具有长久以来积累的独特的饮食文化，喜欢食用的饭团、寿司、便当、清酒等均来自大米，因此，越光米凭借其优秀的品质和高端的品牌形象，同样在日本人心中占据十分重要的地位。并且，大米在日料中的地位较高，日本每 3 ~ 4 年就会推出更新一代的大米品种，但是越光品种在日本稻米中的地位难以撼动。

（3）大米鉴定习俗。日本谷物鉴定协会是专门品鉴大米的机构。据了解，日本的五星级品米师相当于博士学位，全日本仅有 300 个五星级品米师，日本的娱乐节目中也常让明星们进行大米鉴赏。

（三）品牌培育创建及营销维护手段

（1）严格的品控标准。越光米的高品质是其品牌的核心。选种、育秧、移植、生长管理、储藏、脱壳加工均影响产品的品质，进而也影响着品牌的形象，因此，越光米在生产过程中也遵循着一套严格的生产种植体系。在鱼沼市，大米种植协会特别颁布《鱼沼米宪章》，对越光米的生产资料的管理控制、生产、养护、收割、产量、检测等多个环节进行规制，实行一套严格的标准体系进行越光米的品质和安全管控。例如，越光米的精米制作中的脱壳加工是从接到订单才开始进行的，目的就是不流失营养，防止污染，保证大米口感等。同时，日本在种植稻米时，严格控制产量，追求品质而非产量，一般亩产300～400千克。

（2）认证体系和评级标准的建立。对谷物的级别进行鉴定是品牌形象树立的手段之一。1989年至今，越光米已经连续被评为特A级大米，即日本的谷物鉴定最高级别。日本的大米有专门的认证体系。大米的味道是一个很难量化的指标，日本谷物鉴定协会从外观、香气、味道、黏度、硬度、综合感受等六个方面来进行评分，最后公布大米的排名。

（3）法律的保障。日本出台了一部专门保障农业创新的法律即《种苗法》，相当于农业领域的专利法和版权法，在农业方面保护了工作者的知识产权，这也激发了越来越多的科研工作者进行创新、研发。

二、国内：猕宗绿果

猕宗绿果是2017年正式面世的一款由优果联打造的国产猕猴桃品牌，其品种为翠香，即西猕9号，9月底至10月初上市，可销售至12月。猕猴桃作为中国的原产果品，早在1000年前就有记载记录，在1904年左右，被新西兰引进种子，并在新西兰发扬光大。发展至今，新西兰佳沛奇异果（猕猴桃改进品种）以及其他国家的猕猴桃品牌已逐渐占领中国市场，而中国作为猕猴桃的原产国，却缺乏一个品质和品牌方面均有竞争力的猕猴桃。在这样的背景下，百果园携优果联（原百果园的技术开发部）以打造更好吃的中华猕猴桃为目标，打造了猕宗绿果这一水果品牌。猕宗绿果历经10年的科研培育，8年的二次生态改造，才有了现如今的优良品质和口感，整体品质更加稳定，酸涩味轻，纯甜爽口，肉质细腻，风味浓郁。猕宗绿果的原产地是陕西周至县，百果园同周至县政府就"百果百县"扶贫战略合作签约，致力于为消费者带来更好的猕宗绿果，同时也致力于周至县的果农扶贫。2019 年约有 300 吨供应市场，国庆期间数据显示，约有 13 万人次抢购猕猴桃，销量同比上年增长 584%，"十一"当天卖出 11 万个，为上年同期的 23 倍。[①] 猕宗绿果的销售渠道不仅限于百果园，还会对接批发市场、微商、电商平台等。

（一）品牌缘起

中国猕猴桃的种植面积和产量均居世界第一，却缺乏具有竞争力的品牌，猕宗绿果诞生于我国十分缺乏具有竞争力的水果品牌时期。其品种是翠香，翠香是西安市猕猴桃研究所和周至县农技试验站经过 10 余年的选育和区域试验，于 2008 年 3 月通过陕西省果树品种审定委员会审定的知名品种，但是由于缺乏科学的管理和种植，品质不是很稳定。至 2009 年，百果园联合优果联，寄希望于中国有朝一日能够诞生一个实力强悍的猕猴桃，开始了猕猴桃培育探索的脚步，又历经了 8 年的二次生态改造和优选培育（2014 年选育了翠香品种），终于获得了品质更稳定的"猕宗绿果"。2015 年，当时还没有名字的、经过数年的培育的翠香通过百果园的渠道销售开来，2017 年正式注册为猕宗商标，成了真正意义上的国产猕猴桃。其品牌运营模式如图 4-8 所示。

（二）品牌故事

（1）猕宗绿果名字的由来。在优果联最初开发之时，百果园将其命名为中华金果和中华绿果，实有振兴中华猕猴桃之意，但是后来商标注册未通过，才改为猕宗，百果园和优果联同样赋予了其特殊的意义和内涵，体现了中国作为猕猴桃的原产国的历史渊源以及优果联欲将猕猴桃回归中国的决心。同时，翠香品种的研发以及后续的生态改造也是由我国的研发技术团队主导，打造名副其实的中国的猕猴桃品

---

① 橄榄文化："寻猕中国味"——甜度爆表的百果园"猕宗绿果"！[DB/OL]. 搜狐，https：//www.sohu.com/a/348752717_134589.

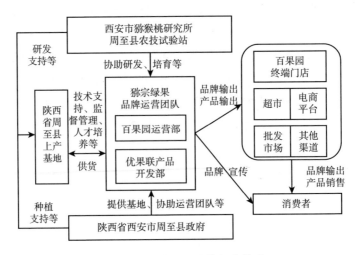

图 4-8 猕宗绿果品牌运营模式

资料来源：笔者自绘。

牌。百果园也借此提出了"新的老味道"的宣传口号，新即技术投入和口味改进，老即猕猴桃老祖宗之意。

（2）振兴国家农业技术的情怀故事。猕宗绿果的诞生离不开百果园和优果联的每一位研发技术人员、品牌运营人员、种植农户的共同努力。团队致力于将农业理论转化为实践经验，经过不断的努力和突破，最终成就了现在的猕宗绿果。

两个品牌故事彰显了猕宗绿果的品牌文化及内涵，猕宗绿果本身以及其诞生过程，代表了这一品牌的历史文化渊源和历史地位，同时也体现了团队的精神。

（三）品牌培育创建及营销维护手段

（1）线上线下宣传。猕宗绿果的打造团队致力于线上线下共同宣传，录制宣传短片《猕宗绿果、新的老味道》以及宣传纪录片《猕宗绿果纪录片》，并在多个平台发布进行宣传，展开以"寻猕中国味"为主题的具有古风国韵的线下料理课堂活动，通过百果园旗下2600多家店终端进行线下营销，开展大规模的提前试吃活动。

（2）标准化种植过程和农户准入体系。保证稳定的优秀品质是品牌口碑形成的核心。猕宗绿果种植方面拥有一套严格的标准，包括严选种植基地、严格疏果、定制有机肥、规范株行距、合理控制产量、按时和按计划采摘、接近原生态的种植环境、智能化的环境监控等，摒弃粗放式种植，进行精细化、科学化管理种植。除了在种植方面进行严格规划和管理，还要制定严格的农户准入体系，助力种植标准化、科学化。猕宗绿果的种植农户均是经过优果联严格审核的，对不合作、不遵守种植规范的果农进行淘汰。

（3）多项标准体系的实行。严格制定并执行猕宗绿果从生产到销售所有关键环节的标准体系，例如生产标准体系、营养体系、采摘标准体系，确保猕宗绿果稳定的品质和产量等。

第五节　案例总结及启示

一、案例总结

通过对 4 个类型 8 个国内外典型案例的对比分析，为江苏农业品牌建设提供一定的借鉴和指导（见表 4 -1）。

表 4 -1　　　　　　　　　　　　案例对比分析

类型	国外	国内	品牌建设情况对比
区域农业产业品牌	松阪牛（日本）	呼伦贝尔草原羊肉（内蒙古）	相同点：均开展品牌推广，积极参加品牌、产品质量认证等，建立并执行了严格的标准体系，通过信息化手段实现质量安全可追溯 不同点：国内呼伦贝尔草原羊肉品牌建设时间相对较短，政府仍起着很重要的牵头、指导、协助等作用，松阪牛主要由农协来主导运营
区域农业形象品牌	新西兰乳业（新西兰）	寒地黑土（黑龙江）	相同点：都建立并执行了一系列的产品标准体系以保障品牌优良，均产生了实力雄厚的龙头企业来引导品牌发展方向并主导品牌运营 不同点：新西兰乳业的品牌形象发展至今得益于其充分竞争的市场和独特的股份制合作公司，寒地黑土的发展得益于政府的推动；新西兰乳业的认证和检测由第三方机构负责，寒地黑土的认证主要由寒地黑土集团和寒地黑土农业物产协会负责

续表

类型	国外	国内	品牌建设情况对比
农业企业品牌	佳沛奇异果（新西兰）	百果园（广东）	相同点：两品牌均深入产品供应链的各个环节以把控品质和安全，建立了一系列的标准和可追溯体系等，展开了各种宣传活动 不同点：监管机制不同，新西兰佳沛奇异果的监管主体包括佳沛公司和政府，百果园的监管主体是百果园企业，原因在于新西兰佳沛是果农共同所有的品牌，百果园则是农产品产业的可加盟果品品牌公司
农产品品牌	越光米（日本）	獼宗绿果（陕西）	相同点：两品牌都拥有严格的品控标准 不同点：越光米品牌建立的年份较长，积累了很多行业内的品牌运营手段，例如有严格的法律保障稻米研发等，拥有完善的认证和评级体系等，主要由协会来主导运营；獼宗绿果作为一个国产的农产品品牌，近几年才发展起来，拥有的是团队内部的评级标准，主要由研发团队和品牌运营团队来经营（百果园和优果联），而非政府和协会

资料来源：笔者自制。

　　通过对以上的典型案例分析、同性质品牌的国内外对比分析、关键点分析等，将国内外农业品牌建设的经验总结如下。

　　（1）政府需要出台相关政策以支持农业品牌化发展，包括支持相关协会、龙头企业、合作社、生产主体进行农产品的生产、养殖等，针对区域农业产业品牌和农产品品牌，可加大政府和相关农协的支持力度。

　　（2）构建产品质量相关标准体系，根据不同性质品牌的发展需求，建立产品本身的质量标准体系、种植标准体系、流通标准体系、销售标准体系等，保障从田间到餐桌的产品的高品质和安全性。

　　（3）深度挖掘区域历史文化、企业文化、农产品的背景文化等，讲好品牌故事，塑造品牌形象，帮助消费者建立品牌和文化之间的联系，赋予农产品相应的文化底蕴，提升农产品的附加价值。

　　（4）完善产品和品牌的相关认证制度和评级标准，确保产品的品质以及品牌形象的维护，严格的认证制度是保障品质和口碑的重要手段，同时也是农产品品牌经营的重中之重。

（5）发掘并形成品牌的核心竞争力（可能是一方水土文化和资源禀赋，也可能是独特的品牌运营和营销手段，还可能是产业链、供应链、生态圈的把控能力），最终的目的是提升品牌和产品的附加值，满足消费者高品质的需求。

（6）加大对农业方面知识产权、商标权等的保护力度，一方面防止我国的本土品种或研发的特殊品种流向海外，另一方面保护科研工作者的成果，激发创新。

（7）加大科研和创新投入，并积极培养专业领域人才。科研创新是保证产品和品牌长盛不衰的重要抓手，专业领域人才的培养能从源头把控产品的质量，保障品牌的形象，并在不断更新换代的市场立足。

（8）建立质量可追溯体系，保证人们吃得放心、吃得舒心、吃得安全，进而提升市场认知度、美誉度和认可度。

（9）重视生态环境的保护。农业是依靠一方水土形成的产业，保护当地的生态环境、土地资源和物质资源等，是实现农业可持续发展的关键点，也是农业品牌建立的重点。

二、建设启示

通过对以上同性质农业品牌的对比，可以看出在借鉴发达区域农业品牌建立过程中，不仅要在产品品质、标准体系、研发创新、宣传手段、法律保障方面有高标准要求，而且应根据不同的市场环境、发展基础、资源禀赋、产品特殊性等，构建具有针对性的专业化品牌运营模式。主要注意以下几点。

（一）谁来主导

"谁来主导"是指品牌运营的主体的选择问题。案例分析和对比分析结果显示，不同性质的品牌和国内外的市场环境差异性导致了品牌运营主体的不同。以农产品品牌为例，越光米品牌的创建和运营主体是日本相关农协，而猕宗绿果品牌的创建和运营主体则是百果园企业及其研发团队。

（二）政府推动还是市场竞争

"政府推动还是市场竞争"是指品牌的诞生和成熟运作，需要政府的参与还是任其在自由的竞争市场上优胜角逐。以区域农业形象品牌为例，新西兰乳业是市场竞争的结果，最终形成了 3 家龙头企业，协同一些小企业共同构成了新西兰乳业这一品牌；而寒地黑土从产生再到发展，均离不开政府的推动力量，形成了寒地黑土集团和寒地黑土农业物产协会共同主导的局面。

（三）品牌核心如何定位

品牌核心定位是为了让品牌在消费者心中留下的独一无二的印象，是品牌屹立不倒的要素之一，其品牌核心可能是独特的历史文化、资源禀赋、工艺技术、运营手段、把握供应链的能力等。以区域农业产业品牌为例，松阪牛品牌核心在于超高品质、独特的饲养方式、独特的肉牛品种等，而呼伦贝尔草原羊肉品牌的核心在于其天然的、有机的、独特的呼伦贝尔大草原的资源优势。

（四）谁来监管、检测、认证等

"谁来监管、检测、认证等"是指产品的质量和评级、种植的过程、工艺技术要求等由哪一主体来负责，可能是第三方检测、监管机构，也可能是企业自己，或者是政府和协会等。以农业企业品牌为例，新西兰佳沛公司的前身是新西兰奇异果营销局，是由众多奇异果果农组成的，政府对其生产、营销等均进行了严格的监管，而百果园企业的直采水果基地的监管和检测等工作则由本企业进行。

第五章　农业品牌建设的影响因素及实现模式分析

2013 年，培育品牌首次见于中央一号文件《中共中央 国务院关于加快发展现代农业 进一步增强农村发展活力的若干意见》。自此，学界围绕农业品牌的内涵、发展现状、问题和战略、品牌农业的延伸及标准化、农业品牌知识产权和标识保护、形象设计及建设功效等不同角度开展了诸多探索。农业品牌是一个较大范畴和内涵丰富的概念（胡晓云，2018），直观认识的是农产品产地、农业企业或农产品的物化设计、标识、符号和名称等，深度理解则还包括客户体验、客户交互和客情维系等。从产权属性划分，农业品牌包括两个方面：一是区域公用品牌，如区域农业产业品牌和区域农业形象品牌；二是农业企业私有品牌，如农业企业品牌和农产品品牌（任荣，2012）。然而，由于农业品牌建设的影响因素复杂，关于到底如何建设农业品牌，农业品牌的建设受哪些因素影响，学界至今没有形成统一认识。有学者提出地理标志能够反映一个区域自然禀赋、地理气候、文化技术等特有属性，因此可用地理标志衡量区域农产品品牌（Berard L and Marchenay P，1995；董亚宁，2021）。也有学者认为农业品牌的核心信息包括四个维度（肖丽平等，2019），一是标准维度，二是生产维度，三是生态维度，四是市场维度，建设农业品牌就要从这些维度着手。崔剑峰（2019）在对发达国家农产品品牌建设的做法总结后提出，重视质量标准认证和监督、以技术创新带动产品和品牌创新、精准的产品差异化战略、独特的品牌消费理念以及政府支持是这些地区农业品牌做大做强的关键要素。陈令军等（2010）则认为资源禀赋、生产技术与方式、市场环境、政府行为、产品质量和市场营销是影响农产品品牌形成的主要因素，而这些因素最终会集中反映到文化上，并据此提出基于文化构建农产品品牌的发展思路。为了弥补以往纯理论判断可能带来的认知偏差,陈红(2021)借助清晰集定性比较分析技术(fsQCA)对农业品牌建设的影响因素进行了研究,但在条件变量的选择上未实地考察,延续使用了学者陈令军提出的6个因素,最终得到的四条原因组合路径能否代表农业品牌打造的一般实现模式仍有待商榷。

本书拟在国内外农业品牌建设典型案例调查梳理的基础上,将一手调查资料和二手数据相结合,首先采用扎根理论进行农业品牌建设影响因素的探索性分析;然后将扎根分析获得的影响因素作为条件变量,通过定性比较分析方法(QCA)发掘农业品牌建设的核心要素和一般模式,以期为农业品牌建设提供理论指导。

第一节 数据来源

考虑到目前并没有可供借鉴的成熟农业品牌建设理论,本书采取了强调"无预设"和"自然呈现"为宗旨的建构扎根理论作为研究工具(Charmaz K,2006)。扎根理论适用于那些缺乏清晰界定或无法用既有理论来推导的现象,摒弃了研究者先入为主的预判,擅长从现象提出理论概念并进行明晰化最终实现理论创新(Charmaz K,2006),十分符合本书寄望通过实践案例挖掘农业品牌建设理论的研究需要。为了满足扎根分析连续比较和数据饱和检验的要求,本书课题组依托江苏省政府决策咨询研究重点课题开展的契机,收集了大量农业品牌建设的资料(见表5-1),调研分为三个阶段:第一阶段(2020年5~6月)对农业品牌强省江苏开展了政策调研,获取了包括江苏农业农村厅相关处室和13个市农业农村局相关部门负责人关于本市农业品牌建设的宏观资料,经过对资料的整理了解江苏农业品牌类型、规模和建设概况;第二阶段(2020年7~8月),通过阶段一面上数据筛选出拟实地调研的农业品牌,确立了苏南的苏州、苏中的扬州、苏北的盐城和徐州作为实地调研地区,最终获取了大量政府部门、相关农业品牌协会和品牌农业企业负责人的访谈资料；第三阶段（2020年9月）开展了针对浙江大学和扬州大学等相关研究人员的咨询访谈，并收集国内外知名农业品牌建设的案例报道和研究文献进行信息补充。调研持续5个月，通过对农业品牌创建、培育、维护、管理和创新等手段的访谈询问，以全面了解农业品牌创建、发展、成熟过程及相应的资源要素等信息，获得资料及录音累计10余万字。

表 5 – 1 收集资料概况

调研对象	调查方式	代表性案例及编号	农业品牌类型
江苏 13 市农业农村局、江苏省农业品牌协会、江苏品牌农业企业、高校研究人员	问卷调查深度访谈	阳澄湖大闸蟹（1）苏州大米（2）、邳州银杏（3）、邳州白蒜（4）、大沙河苹果（5）、东山枇杷（6）、洞庭山碧螺春（7）、水八仙（8）、董浜丝瓜（9）、新沂水蜜桃（10）、凤凰水蜜桃（11）、东台西瓜（12）、射阳大米（13）、大纵湖大闸蟹（14）	区域农业产业品牌
		宿有千香（15）、盐之有味（16）、连天下（17）、鲜之都（18）、好味连台（19）、七彩阜宁（20）、淮味千年（21）、食礼秦淮（22）	区域农业形象品牌
		神园葡萄（23）、恒洋澳龙（24）、勤川大米（25）、银宝集团（26）、华升面粉（27）、乾宝牧业（28）、发扬饲料（29）、禾丰粮油（30）、康泽园（31）、灰太狼（32）、金津果业（33）、高邮红太阳（34）、秦邮蛋品（35）	农业企业品牌
		七彩珍珠（36）、七星谷（37）、百汇园黑莓（38）、荷仙（39）	农产品品牌
国内外发达地区代表性农业品牌	文献研究新闻报道	松阪牛（40）、呼伦贝尔草原羊肉（41）	区域农业产业品牌
		新西兰乳业（42）、寒地黑土（43）	区域农业形象品牌
		百果园水果连锁（44）、佳沛（45）	农业企业品牌
		越光米（46）、猕宗绿果（47）	农产品品牌

资料来源：笔者根据调研材料整理。

101

第二节 农业品牌建设影响因素扎根分析

一、质性编码

根据扎根理论分析的一般研究范式，首先对所收集到的文字资料进行逐级缩编以概念化。遵从开放性、简短精确、贴近数据、生动和可分析性原则，编码方式包括逐词编码、逐行编码和逐个事件编码等不同类型（Charmaz K，2006）。本书根据研究需要，按照品牌个案采取逐词和逐段编码相结合的方式，由 2 名参与了访谈的研究人员分别编码后进行结果对照，以尽可能保持代码和内容的契合性和相关性。对于存在分歧的编码由课题组讨论后确定。以邳州大蒜为例，根据邳州大蒜协会主要负责人的陈述，提取质量服务（a1）、产品标准（a2）、产品特色（a3）和产品故事（a4）等初始代码，部分质性编码数据见表5-2。

表5-2 　　　　　　　　　　　质性编码示例

原始数据	初始代码
我是邳州大蒜协会的……我感觉品牌建设这块，一定需要质量加服务（a1），但是这质量这块是从哪里来？质量要有标准（a2）……我们的邳州白蒜在全国知名，它的知名到底来自哪些？首先它个头大，皮色白，另外它的辣度比较适中，还比较紧凑（a3）。像山东金乡、河南那边他们的大蒜是做不到的。同样一头大蒜，在同样的高度一米的地方掉在地面，我们邳州白蒜是不变样的，而他们的蒜都要开花了，都要散瓣儿了，这也是我们的优点（a4）	a1：质量服务 a2：产品标准 a3：产品特色 a4：产品故事

资料来源：笔者根据调研材料整理。

二、聚焦编码

聚焦编码意味着使用出现最频繁或最重要的初始代码，需要清晰判断哪些初始代码能够用于分析数据。根据农业品牌的建设维度，本书从"主体-要素"互动视角切入，分别对农业品牌的建设主体和建设要素两个方面进行衡量。因此，第二阶段的主要任务是提取出农业品牌建设的主体和要素。表5-3列举了被访谈对象提供的关键语句和课题组获得的初始编码及概念范畴。

表 5-3　农业品牌实现模式的聚焦编码、初始代码及引用语段举例

维度	范畴	初始代码	代表性引用语段或案例
建设主体	政府	bb1：农业局 bb2：农业推广部门	2018 年，苏州市农业农村局启动苏州大米区域公用品牌建设（bb1） 凤凰水蜜桃由当地农技推广中心注册成立（bb2）
	协会	bb3：行业协会	扬州绿扬春区域公用品牌现在归行业协会所有（bb3）
	企业	bb4：农业企业	张家港神园葡萄，起源于 1981 年，经过 2 代人努力，培育自主知识产权新品种（bb4）
建设要素	质量	aa1：质量服务 aa2：产品特色	我感觉品牌建设这块，一定需要质量加服务（aa1） 阳澄湖大闸蟹口味鲜甜，维生素 A 高于其他水生动物，维生素 B_1 及磷的含量比一般鱼类高出 6～10 倍（aa2）
	科技	aa3：新技术 aa4：农业科技	我们盐都跟扬大几乎每个产业都有农业科技合作，水稻种植、水生蔬菜和草莓（aa3） 新技术如果能够得到推广应用，可以改变阳澄湖大闸蟹的一些传统生产方式（aa4）
	标准	aa5：产品标准	百果园以"四度、一味、一安全"为核心，拥有国内首创的水果全品类标准体系（aa5）
	环境	aa6：水质清洁 aa7：生态环境	阳澄湖水质清洁，适合养蟹（aa6） 盐城具有独特的土地资源和良好的生态环境（aa7）
	营销	aa8：政府推介 aa9：企业宣传	市商务局举办了"赢在徐州"电子商务优秀品牌和电子商务优秀服务商路演赛，成功推出了林家铺子、木兰桃等 20 个优秀电商品牌（aa8） "盐之有味"2019 年在上海正式发布，后期由银宝集团开展了线上线下宣传（aa9）
	文化	aa10：产品故事	阳山水蜜桃立足火山灰，做文化，讲故事（aa10）
	市场	aa11：需求导向	盐城人过年过节送礼比较喜欢用醉蟹，所以到了这个时候我就生产 5000 箱、8000 箱，大的产业去做这个东西也做不起来，因为外部市场需求量小（aa11）
	创新	aa12：新模式 aa13：新品种	恒洋澳龙的核心就是工厂化繁育苗种，全国唯一（aa12） 神园葡萄不断研发新品种，代表性的品种是美人指（aa13）
	政策	aa14：资金扶持 aa15：政策引导	盐城市对一些打造农业区域品牌有影响的，对项目资金等给予扶持（aa14） 徐州市 2018 年出台了农产品品牌建设的三年行动计划（aa15）

资料来源：笔者根据调研材料整理。

（一）建设主体

按照产权性质，农业品牌包括区域公用品牌和私有品牌两种不同类型。其中，区域公用品牌由一定区域内符合要求的所有农产品生产者集体所有、共同使用或政府所有、授权使用，品牌排他性弱。区域公用品牌的注册人一般为政府相关部门或区域内企业集体，如苏州大米由苏州市农业农村局创牌（bb1）、凤凰水蜜桃由当地农技推广中心注册（bb2）。在实际运营中，受建设主体多、运营难度大的影响，区域公用品牌的实际运营模式多以行业协会为主、政府为辅（bb3），行业协会缺失的区域公用品牌则由政府牵头、农业龙头企业运营，或者由于运营主体不明确而产生"公地悲剧"，如太湖大闸蟹。而农业私有品牌主要是指农业企业品牌及其下属的农产品品牌或者子母品牌组合，由于产权明晰，品牌的创建者即其实际使用者（bb4）。综上，产权分化带来了农业品牌建设主体的异质性，农业品牌的建设主体主要包括政府部门、行业协会和农业企业。

（二）建设要素

通过对质性编码阶段所获取初始代码的分析，结合案例中各个农业品牌的形成和发展历程，我们发现农业品牌的建设要素呈现一致性，主要包括质量、标准、文化、科技、环境、创新、市场、政策和营销9个要素。品牌为产品质量和信用背书，质量是产品的生命线，是创立品牌的基础（王丽杰，2014）。访谈发现，几乎所有品牌运营主体，如新沂水蜜桃和邳州大蒜协会等在谈到农业品牌建设问题时首先提到的就是产品质量（aa1、aa2）。根据信息经济学理论，当企业通过质量承诺向消费者传递关于产品或服务的积极信息时，能够有效缓解产品市场的信息不对称行为，进而引导消费者做出理性决策（徐静，2015）。那怎么保证质量呢？从内生性角度，首先需要科技的支撑（王丽杰，2014），科技为质量赋能体现在繁殖育种技术、生产加工技术、物流保鲜技术、信息追溯技术和现代营销技术等各方面，并以此为农业品牌提高附加值、增加创新性。如盐城盐都区在水稻种植、水生蔬菜和草莓种植多个领域和扬州大学合作，提升农产品品质（aa3、aa4）。其次，标准化是保证非标准化农产品质量稳定性的重要一环。调研发现，百果园围绕"好吃"形成了以"四度、一味、一安全"为核心的国内首创的水果全品类标准体系（aa5）。阳澄湖大闸蟹和松阪牛等区域公用品牌，为了克服生产环节农户众多、技术水平和生产规范各异等难题，从品种选育、养殖过程、流通销售和质量认证等供应链全过程出发，建立了一套完备的标准体系，以此规范农业品牌相关参与主体行为、保证流向消费者的农产品统一形象和品质。此外，农业是对生态环境有特殊要求的产业，什么样的生态环境产出什么品质的农产品，什么品质的农产品决定什么样的市场品牌价值（陈文胜，2016）。良好的生态环境和水土资源是实现农业可持续发展的关键点，也是农业品牌建设的重点，如阳澄湖大闸蟹在养殖过程中时刻监测水质（aa6），盐城市为品牌农产品发展涵养生态等（aa7）。

营销是促进消费者对品牌认知的重要过程（张晓锋，2019）。为了扩大知名度，地方政府、行业协会和相关企业会积极组织推介会、展销会和品牌露出推广活动，开展营销宣传，如徐州市各地区先后举办了"赢在徐州"电子商务优秀品牌和服务商路演赛、"2020畅想徐州一拨而红"等电商直播大赛，通过直播新业态帮助徐州一些农特优新产品推向全国（aa8、aa9）。在此过程中，文化故事作为品牌与消费者沟通的重要方式之一（Neil Granitz，2015；徐岚，2020），被越来越多的农业品牌主体采用。如松阪牛深挖品牌历史和养殖过程故事，洞庭山碧螺春有康熙赐名美谈，阳山水蜜桃有火山灰故事等（aa10）。通过故事营销的方式让更多消费者产生品牌认同，构建更趋向于品牌的情感共鸣，从而影响其购买态度和购买行为（杨琛，2020）。然而，品牌塑造要以市场传播为基础（卫苗，2021）。市场是农业品牌发展的导向，也是营销活动策划的依据，如荷仙集团紧跟流量经济开展了各种新媒体营销活动，大纵湖大闸蟹经营企业根据市场容量有计划地进行醉蟹加工等（aa11）。创新是农业品牌建设主体为了满足消费者变化的需求和提高市场壁垒的应对手段，包括开发新品种、使用新技术和发掘新模式等（aa12、aa13），在创新中逐渐形成品牌发展的核心竞争力和特色。除此之外，由于农业品牌建设涉及行业多、主体多，政府政策在其中也扮演了重要角色，包括对农业知识产权、商标权的保护，防止假冒伪劣以及本土品种或研发的新品种外流，支持相关协会、龙头企业和合作社等主体进行农业品牌打造以及对农业品牌建设提供资金、技术和人才支持等（aa14、aa15）。

第三节　农业品牌建设的实现模式分析

为了探究农业品牌建设的一般实现模式，借助定性比较分析方法（QCA）探讨上述要素对品牌建设的影响路径。不同于传统统计分析方法要求变量之间相互独立，QCA 方法可以从整体视角开展案例层面的比较分析，每个案例都被视作条件变量的"组态"，即不同的条件组合可能导致相同的结果，适用于解释变量之间相互依赖的复杂因果关系和多重并发机制。由于农业品牌建设影响因素复杂，且因素之间相互关联，因此定性比较分析方法十分契合本节的研究需要。目前关于QCA 方法的应用包括三种处理方式：清晰集（csQCA）、多值集（mvQCA）和模糊集（fsQCA）。考虑到本研究中变量均可以通过简单的"存在"或"不存在"判定，因此选择清晰集定性比较分析方法是比较合适的。

一、变量测量

关于案例来源，运用表 5 - 1 中的调研数据，选择扎根分析得到的3 个农业品牌建设主体——政府（G）、协会（A）和企业（En）及 9维建设要素——质量（Q）、标准（S）、科技（Te）、环境（E）、文化（C）、营销（M）、市场（T）、创新（I）和政策（P）作为条件变量，结果变量为农业品牌（B）。关于结果变量的赋值，参考当前对农业品牌级别的认定，国家及省级以上品牌赋值为 1，市级及以下品牌赋值为0。其中，国家地理标志品牌视同为国家级品牌。关于条件变量的赋值，根据访谈资料和研究人员收集的案例材料，若该品牌将该要素作为品牌建设重要内容则赋值为 1，访谈者未提及且该品牌案例实践及宣传中也未涉及则赋值为 0。

二、构建真值表及数据处理

根据上述赋值标准，得到变量原始数据，见表 5 - 4，应用 fsQ-CA3.0 软件对原始数据进行合成。然后，通过一致性和覆盖率计算条件变量和结果变量之间的关系。一般认为，一致性要在 0.75 以上，说明有 75% 的案例符合一致性条件，通常默认阈值 0.8。当一致性满足该临界标准时，若前因条件 X 的隶属度小于结果变量 Y 的隶属度，则 X 是 Y 的充分条件，否则 X 是 Y 的必要条件（张宇等，2021）。覆盖率大小决定了前因变量对结果变量的解释度强弱。

表 5 - 4　　　　　　　　　　　　数据真值表

案例号 影响因素	B	Q	S	Te	E	C	M	P	I	Ta	G	A	En
1	1	1	1	1	1	1	1	1	1	1	1	1	1
2	0	1	0	0	1	1	1	1	0	0	1	0	0
3	1	1	1	1	1	1	1	1	1	1	1	1	1
4	1	1	1	1	1	1	1	1	1	1	1	1	1
5	1	1	1	0	1	1	1	1	0	1	1	1	0
6	1	1	1	0	1	1	1	1	0	1	1	1	0
7	1	1	1	0	1	1	1	1	0	1	1	1	0
8	0	1	0	0	0	0	1	1	0	0	1	0	0
9	1	1	1	1	1	1	1	1	0	0	1	0	1
10	1	1	1	1	1	1	1	1	1	1	1	1	1
11	1	1	1	1	1	1	1	1	0	0	1	0	0
12	1	1	1	1	1	1	1	1	0	0	1	1	0
13	1	1	1	1	1	1	1	1	0	0	1	1	0
14	1	1	1	1	1	1	1	1	0	0	1	1	0
15	0	1	0	0	1	1	1	1	0	0	1	0	0
16	0	1	0	0	1	0	1	1	0	0	1	0	1
17	0	1	0	0	1	0	1	1	0	0	1	0	0
18	0	1	0	0	1	0	1	1	0	0	1	0	0

案例号影响因素	B	Q	S	Te	E	C	M	P	I	Ta	G	A	En
19	0	1	0	0	1	0	1	1	0	0	1	0	0
20	0	1	0	0	1	0	1	1	0	0	1	0	0
21	0	1	0	0	1	0	1	1	0	0	1	0	0
22	0	1	0	0	0	0	1	1	0	0	1	0	0
23	1	1	1	1	0	1	1	0	1	0	0	1	1
24	0	0	0	1	0	1	1	1	1	1	0	0	1
25	0	1	0	0	1	0	0	1	0	0	0	0	1
26	1	1	1	1	0	1	1	1	1	1	0	0	1
27	1	1	1	1	0	0	0	1	0	1	0	0	1
28	1	1	1	1	1	1	1	1	1				
29	0	0	0	0	0	0	0	0	0	0	0	0	1
30	1	1	0	1	0	0	0	1	0	0	0	0	1
31	0	0	0	0	0	0	0	1	0	0	0	0	1
32	1	1	1	1	0	0	1	0	1	1	0	0	1
33	0	1	0	0	0	0	1	1	0	0	0	0	1
34	1	1	1	1	1	1	1	1	1	1	0	1	1
35	1	1	1	1	1	1	1	0	0	0	0	1	1
36	0	1	0	1	0	0	0	0	1	0	0	0	1
37	0	1	0	0	1	0	0	1	0	0	0	0	1
38	1	1	1	1	0	0	1	1	1	1	0	0	1
39	1	1	1	1	1	1	1	0	1	1	0	0	1
40	1	1	1	1	1	1	1	1	1	1	1	1	1
41	1	1	1	1	1	1	1	1	1	1	1	1	1
42	1	1	1	1	1	1	1	1	1	1	1	1	1
43	1	1	1	0	1	1	1	1	0	0	1	0	1
44	1	1	1	1	0	0	1	0	1	1	0	0	1
45	1	1	1	1	1	1	1	1	1	1	1	0	1
46	1	1	1	1	1	1	1	1	1	1	1	0	1
47	1	1	1	1	0	1	1	1	0	0	0	0	1

通过 QCA 软件对农业品牌建设的单一变量必要性分析，得到表 5 – 5。从表 5 – 5 可以看出，在要素维度，"质量"的一致性值最大，可见质量是农业品牌建设的最核心要素，其次是"标准"（0.966667）、"营销"（0.933333）、"科技"（0.833333）、"文化"（0.833333）和"政策"（0.833333）；而"环境""市场""创新"的一致性值均小于0.75，说明其在农业品牌建设中的作用不显著。从建设主体维度，"龙头企业"（0.766667）参与对农业品牌建设具有一定的必要性，政府和协会是农业品牌建设的充分条件。在覆盖率方面，"标准"和"协会"的覆盖率最大，均为 1，说明目前绝大部分农业品牌在建设过程中都注重标准化建设，提升农产品质量稳定性，且建设较好的农业品牌均成立了行业协会。

表 5 – 5 单一变量必要性分析

变量	一致性	覆盖率	变量	一致性	覆盖率
质量（Q）	1.000000	0.681818	市场（Ta）	0.666667	0.952381
标准（S）	**0.966667**	**1.000000**	创新（I）	0.600000	0.900000
科技（Te）	0.833333	0.925926	政策（P）	0.833333	0.625000
环境（E）	0.733333	0.687500	政府（G）	0.600000	0.642857
文化（C）	0.833333	0.925926	协会（A）	0.533333	1.000000
营销（M）	0.933333	0.700000	企业（En）	0.766667	0.741935

资料来源：fsQCA3.0 统计输出。

三、农业品牌建设的变量组合分析

考虑到定性比较分析侧重于对各因素组合的理论解释和归纳，在单一变量必要性分析的基础上，本研究更关注各条件的组合路径。通过 fsQCA3.0 软件分析组合路径一般会产生三种结果：简单解、复杂解和中间解。定性比较分析产生的组合数是 2 的条件变量数的幂，即本研究中有 2^{12} 种条件组合，这样就会产生大量的逻辑余项，导致形成的组合没有足够的案例去解释，在操作中，为了剔除这样的逻辑余项，一般选用中间解（陈宇、闫倩倩，2019）。考虑到本研究条件变量多，农业品牌的建设本身具有复杂性，因此简单解和复杂解均不适合本书的分析思路。通过计算，中间解的总体覆盖率为1，农业品牌建设的条件组合路径如表5-6所示，具体来看，共有12条路径解释了农业品牌建设的一般模式，且一致性和所有组合的覆盖率均为1，说明解释力较强。

表5-6　　　　　　　清晰集定性比较分析结果条件组合路径

筛选	编号	条件组合	原始覆盖率	净覆盖率	一致性
案例数≥1、一致性≥0.8	R1	Q * S * Te * E * C * M * P * I * Ta * En	0.366667	0.333333	1
	R2	Q * S * ~ Te * E * C * M * P * ~ I * ~ Ta * G * ~ A	0.0666667	0.0333334	1
	R3	Q * S * Te * ~ E * ~ C * M * I * Ta * ~ G * ~ A * En	0.1	0.1	1
	R4	Q * S * Te * ~ E * C * M * P * I * ~ G * ~ A * En	0.0666667	0.0666667	1
	R5	Q * S * E * C * M * P * ~ I * ~ Ta * G * ~ A * En	0.0666667	0.0333334	1
	R6	Q * S * Te * E * C * M * I * Ta * ~ G * ~ A * En	0.0666667	0.0333334	1
案例数≥1、一致性≥0.8	R7	Q * ~ S * Te * ~ E * ~ C * ~ M * P * ~ I * ~ Ta * ~ G * ~ A * En	0.0333333	0.0333334	1
	R8	Q * S * Te * ~ E * ~ C * ~ M * P * ~ I * Ta * ~ G * ~ A * En	0.0333333	0.0333334	1
	R9	Q * S * Te * E * C * M * ~ P * ~ I * ~ Ta * ~ G * A * En	0.0333333	0.0333334	1
	R10	Q * S * Te * ~ E * C * M * ~ P * I * ~ Ta * ~ G * A * En	0.0333333	0.0333334	1
	R11	Q * S * Te * E * C * M * P * ~ I * ~ Ta * G * A * ~ En	0.1	0.1	1
	R12	Q * S * ~ Te * E * C * M * P * ~ I * Ta * G * A * ~ En	0.1	0.1	1
所有组合的覆盖率（solution coverage）			1		

注：* 表示"和"，~ 表示"非"或"没有"。

资料来源：fsQCA3.0统计输出。

以路径组合中的关键因素为考察点，对每条路径中的交叉项和差异项进行分析。不难发现"质量×标准化"在所有组合路径中的覆盖面最高（只有路径 R7 没有），说明"质量×标准化"建设是农业品牌建设偏好结果的一种关键组合方式。而"质量×标准化"和"企业"参与是各组合路径中满足"要素-主体"条件组合覆盖面最高的（原始覆盖率 0.766667 = 0.366667 + 0.1 + 0.0666667 × 3 + 0.0333333 × 3），说明农业龙头企业参与的农业品牌建设对农业品牌打造较为重要。考虑路径中多个因素的叠加效应，在提取共享变量和共斥变量的基础上，得到如下四种代表性农业品牌建设模式。

（一）政府推动型农业品牌建设模式

该模式的典型路径为：

R2：质量 * 标准 * 无科技支撑 * 环境 * 文化 * 营销 * 政策 * 无创新引领 * 不关注目标市场 * 政府 * 无协会参与；①

R5：质量 * 标准 * 环境 * 文化 * 营销 * 政策 * 无创新引领 * 不关注目标市场 * 政府 * 无协会参与 * 企业。

该模式下，政府从品牌兴农角度，以地方有一定规模的特色农产品为基础，在行业协会缺席的情形下，以标准化建设为抓手提升农产品质量，通过政策扶持和营销富民系列举措，创建农产品区域公用品牌，一般发生在农业品牌建设初期，苏州大米是该农业品牌建设模式的代表性案例。

（二）龙头企业主导型农业品牌建设模式

该模式的典型路径为：

R1：质量 * 标准 * 科技 * 环境 * 文化 * 营销 * 政策 * 创新 * 市场 * 企业；

R3：质量 * 标准 * 科技 * 不关注环境 * 缺少文化故事 * 营销 * 创新 * 市场 * 无政府参与 * 无协会参与 * 企业；

R4：质量 * 标准 * 科技 * 不关注环境 * 文化 * 营销 * 政策 * 创新 *

---

① * 表示和，下同。

无政府参与＊无协会参与＊企业；

R6：质量＊标准＊科技＊环境＊文化＊营销＊创新＊市场＊无政府参与＊无协会参与＊企业；

R7：质量＊无标准化建设＊科技＊不关注环境＊缺少文化故事＊不做营销＊政策＊无创新引领＊不关注目标市场＊无政府参与＊无协会参与＊企业；

R8：质量＊标准＊科技＊不关注环境＊缺少文化故事＊不做营销＊政策＊无创新引领＊市场＊无政府参与＊无协会参与＊企业。

该模式下，行业龙头企业是品牌建设的主体，通过对科技、环境、文化、政策、创新等要素的组合建设农业品牌，由于建设主体中既有初级农产品生产企业也有加工型企业，且企业规模、发展历史和所处地域资源禀赋各异，此时农业品牌建设并没有统一标准，但 R1 和 R3 仍可以解释约 33% 和 10% 的成功案例，百果园水果连锁、勤川大米、银宝集团等均是该类型农业品牌建设模式的代表性案例。

（三）企业和协会联动型农业品牌建设模式

该模式的典型路径为：

R9：质量＊标准＊科技＊环境＊文化＊营销＊无扶持政策＊无创新引领＊不关注目标市场＊无政府参与＊协会＊企业；

R10：质量＊标准＊科技＊不关注环境＊文化＊营销＊无扶持政策＊创新＊不关注目标市场＊无政府参与＊协会＊企业。

该模式下，农业企业在行业协会的支持下，一方面紧抓农产品质量，另一方面开展营销宣传，通过企业和协会的联动建设农产品品牌，但仍缺少对目标市场消费者需求变化的精准营销，神园葡萄、高邮红太阳是该农业品牌建设模式的代表性案例。

（四）政府和协会引领型农业品牌建设模式

该模式的典型路径为：

R11：质量＊标准＊科技＊环境＊文化＊营销＊政策＊无创新引领＊不关注目标市场＊政府＊协会＊无龙头企业；

R12：质量＊标准＊无科技支撑＊环境＊文化＊营销＊政策＊无创

新引领 * 市场 * 政府 * 协会 * 无龙头企业。

　　该模式下，行业协会的发展相对成熟，农业品牌建设也有一定的基础，为了进一步引领品牌农业发展，地方政府立足本地特色农业，依托行业协会带动更多合作社和小农户分享农业品牌建设成果，以质量建设和标准化为抓手，挖掘品牌文化故事，开展营销宣传，将区域农业品牌做大做强。阳澄湖大闸蟹、松阪牛等是这种模式的代表性案例。

　　根据上述定性比较分析结果，结合所调研案例的品牌发展历程，本书提出了农业品牌建设的"主体-要素"互动逻辑（见图 5 - 1）。

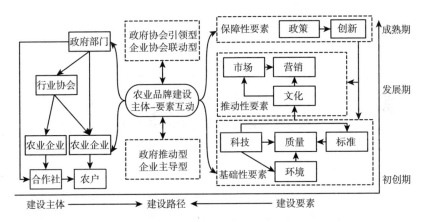

图 5 - 1　农业品牌建设的"要素-主体"互动逻辑

　　（1）初创期。由于农户通常缺乏农业品牌建设的意识和能力，为了应对市场竞争，提升品牌溢价，部分品牌意识领先的农业龙头企业立足本地资源环境要素，首先行动，成为农业企业品牌和农产品品牌等私有品牌的创建者。而缺乏龙头企业引领的区域公用品牌知名度高、规范化不足，出于提升地方经济发展、增加农民收入的考虑，通常在政府部门的主导下注册成立。由于农产品大小、形状和质量参差不齐，要提升消费满意度，提高非标准化农产品的质量稳定性，就要推进标准化和环境建设，其中科技是支撑。在这一阶段，品牌建设主体围绕农产品好吃、安全的质量建设目标，从生态环境、标准体系和科技三个维度持续发力，选育优良品种、选择好的生产方式并涵养生态，以提升品质和维持可持续发展。质量、环境、标准体系和科技是初创期农业品牌建设主体首要关注的基础性建设要素，建设主体和要素的良性互动产生了龙头企业主导型和政府推动型这两种主要的农业品牌建设模式。

（2）发展期。进入发展期，农产品质量建设日趋成熟，基于收回质量建设投资成本、扩大销售半径和打开市场的需要，营销宣传成为农业品牌创建者关注的关键要素。而单个农户和农业企业的资金实力有限，通常要依托行业协会或政府扶持，通过挖掘基础性要素建设中的"记忆点"，赋予农业品牌相应的文化内涵，并以市场需求为导向开展宣传推广活动。在该时期，市场需求、营销宣传和文化建设是农业品牌建设主体关注的推动性要素，其中，市场需求同时还受地方文化传统和消费习惯的影响。

（3）成熟期。在农业品牌走向成熟的过程中，品牌影响力不断壮大。受品牌溢价驱使，跟进模仿者逐渐增多，假冒伪劣、以次充好现象涌现。为了保持品牌力和满足消费者偏好，成立行业协会、研发新品种、探索新模式成为农业品牌建设主体维持发展活力、提升产品质量、规范品牌参与主体行为和增加新卖点的重要举措。而为了保护创新成果、扶持弱质性农业发展，有力的品牌维护扶持政策和法律规章制度也不可或缺。在该阶段，创新和政策支撑是农业品牌建设的保障性要素，而建设主体和建设要素的良性互动催生了政府协会引领型和企业协会联动型这两种主要的农业品牌建设模式。

第四节　农业品牌建设的优质优价策略分析

根据农业品牌建设的"主体-要素"互动逻辑，本节重点探讨了农业品牌建设的优质优价策略，为农产品供应链参与主体决策提供理论依据。

一、问题描述及符号说明

（一）问题描述

本节研究一个由风险中性的农产品生产者和销售商组成的二级农

产品供应链。在销售季节来临之前，销售商向农产品生产者以 p_0 的价格订购 q 数量的普通农产品。考虑市场需求受农产品质量水平和消费价格的双重影响，且越来越多的消费者偏好绿色、有机农产品。因此，该供应链提出"农产品质量安全提升行动"计划，即鼓励农产品生产者加大质量投入以提升产品质量安全水平，并以优质优价的方式将农产品推向市场。基本假设如下。

（1）为了响应质量安全提升行动计划，农产品生产者需加大质量投入成本，如升级生产技术水平、改善生产管理方式等，参考学者江世英（2015）的研究，生产绿色产品的研发投入与产品绿色度成二次方关系，因此假定农产品生产质量投入 u 与质量安全度 g 的关系为 $u = 1/2zg^2$，其中 z 为生产影响因子。

（2）当推动质量提升行动后，农产品生产者会根据质量提升投入成本情况涨价以维护自身利益，此时销售价格 $w = (1 + \alpha)w_0$，其中 α 为质量投入后的价格弥补系数。农产品销售商为了鼓励质量改进和维持自身利润也会相应地涨价，为了简化模型，假设农产品销售商涨价幅度和生产者相同，此时市场销售价格 $p = (1 + \alpha)p_0$。

（3）虽然农产品销售商根据以往经验确定了市场基本需求量 q，并向农产品生产者订货，但由于农产品的易腐性，在实际运输销售过程中往往无法避免磕碰腐烂变质等自然损耗，因此假设市场实际需求量 $d < q$，即农产品销售商的单次订货量大于市场实际需求量。此处假设未卖出的农产品全部损耗，不再折算价值。

（4）假设市场实际需求 d 与市场基本需求 q、质量安全度 g 正相关，与零售价 p 负相关，参照线性逆需求函数，设 $d = q - b(1 + \alpha)p_0 + kg$，其中 b 为消费者对农产品价格的敏感系数，k 为消费者对农产品质量的敏感系数。显然，产品质量越高价格越低，消费者越喜欢购买，该假设符合实际。

（二）符号说明

根据上文的问题描述和基本假设，对本研究所用到的符号描述如表5 - 7所示。

115

表 5 – 7	符号描述
符号	含义
π_n	农产品生产者的利润
π_s	农产品销售商的利润
π_{ns}	农产品供应链整体利润
q	市场基本需求量，即销售商根据往年销售情况确定的订货数量
d	市场实际需求量，即销售商最终卖出的农产品数量
p_0	质量提升行动之前销售商的单位农产品售价，即农产品零售价
w_0	质量提升行动之前生产者的单位农产品售价，即农产品批发价
c_n	单位农产品生产成本
c_s	超市的单位销售成本
u	质量提升投入，即生产者为提升农产品质量付出的单位成本
g	质量安全度
α	质量投入后的价格弥补系数
k	消费者对农产品质量的敏感系数，即需求质量弹性
b	消费者对农产品价格的敏感系数，即需求价格弹性
z	生产影响因子

二、模型构建与求解

（一）分散决策模型

据上述假设可得农产品生产者实施质量提升行动后的利润函数为：

$$\pi_n = q\Big[\,(1+\alpha)w_0 - c_n - \frac{1}{2}zg^2\,\Big] \qquad (5-1)$$

农产品销售商的利润函数为：

$$\pi_s = p_0(1+\alpha)\big[\,q - bp_0(1+\alpha) + kg\,\big] - q\big[\,(1+\alpha)w_0 + c_s\,\big] \qquad (5-2)$$

命题 1 存在使农产品生产者利润最大化的质量安全提升水平 g 以及使农产品销售商利润最大化的价格补贴水平 α。

证明：由 $\pi_n = q\Big[\,(1+\alpha)w_0 - c_n - \frac{1}{2}zg^2\,\Big]$，得到 $\frac{\partial \pi_n}{\partial g} = -qzg \neq 0$，$\frac{\partial^2 \pi_n}{\partial^2 g} = -qz < 0\,(q > 0,\ z > 0)$，所以 π_n 是关于 g 的严格凹函数，即利

润函数 π_n 存在最大值。

由 $\pi_s = p_0(1 + \alpha)[q - bp_0(1 + \alpha) + kg] - q[(1 + \alpha)w_0 + c_s]$，得 $\dfrac{\partial \pi_s}{\partial \alpha} = -2(1 + \alpha)bp_0^2 + (kg + q)p_0 - qw_0 \neq 0$，$\dfrac{\partial^2 \pi_s}{\partial^2 \alpha} = -bp_0^2 < 0$，所以 π_s 是关于 α 的严格凹函数，即利润函数 π_s 存在最大值。

综上，命题 1 得证。

1. 以农产品生产者为主导（模型 1）

该情形下，农产品生产者处于供应链领导地位而销售商是跟随者，如家庭农场或合作社主导型农产品供应链，故该模型是以农产品生产者为主导的 Stackelberg 主从博弈模型。该模型中，先由农产品生产者确定质量投入 u（或质量安全度 g），再由销售商根据生产者的投入情况选择最优价格弥补系数 α^*。应用后退归纳法求解该模型：

令 π_n 关于 g 的一阶导数为 0，即 $\dfrac{\partial \pi_n}{\partial g} = -qzg = 0$，得最优提升质量安全度

$$g_1^* = 0 \tag{5-3}$$

将 $g_1^* = 0$ 代入（1）式中，令 π_s 关于 α 的一阶导数为 0，即 $\dfrac{\partial \pi_s}{\partial \alpha} = p_0 q - 2bp_0^2\alpha - 2bp_0^2 - qw_0 = 0$，得最优价格补贴系数：

$$\alpha_1^* = \frac{q(p_0 - w_0)}{2bp_0^2} - 1 \tag{5-4}$$

显然，在该情形下，农产品生产者作为主导者缺乏质量提升动力，但由于信息不对称农产品销售商依然给出了价格补贴。市场需求为 $d_1^* = \dfrac{q(p_0 + w_0)}{2p_0}$。接着，将（5-3）式和（5-4）式代入（5-1）式和（5-2）式，得到此时农产品生产者的利润 π_n^{1*} 和农产品销售商的利润 π_s^{1*}，即

$$\pi_n^{1*} = \frac{q^2(p_0 - w_0)w_0}{2bp_0^2} - qc_n$$

$$\pi_s^{1*} = \frac{q^2 p_0^2 - 2q^2 p_0 w_0 + q^2 w_0^2}{4bp_0^2} - qc_s$$

命题 2 当以农产品生产者为主导进行分散式决策时，农产品生产者和销售商的最大利润均随着消费者需求价格弹性的增大而减小，农产品销售商的最大利润随着单位农产品零售价格的增大而增大。当 $p_0 < 2w_0$ 时，农产品生产商的最大利润随着单位农产品零售价格的增大而增大，当 $p_0 > 2w_0$ 时，农产品生产商的最大利润随着单位农产品零售价格的增大而减小。

证明：由 $\dfrac{\partial \pi_n^{1*}}{\partial b} = -\dfrac{(p_0 - w_0) \, w_0 q^2}{2p_0^2 b^2} < 0$，$\dfrac{\partial \pi_s^{1*}}{\partial b} = -\dfrac{(p_0 - w_0)^2 q^2}{4p_0^2 b^2} < 0$，

且 $\dfrac{\partial \pi_s^{1*}}{\partial p_0} = \dfrac{(p_0 - w_0) \, w_0 q^2}{2p_0^3 b} > 0$ 可知 π_n^{1*}、π_s^{1*} 均与 b 负相关，π_s^{1*} 与 p_0 正

相关。由 $\dfrac{\partial \pi_n^{1*}}{\partial p_0} = -\dfrac{(p_0 - 2w_0) \, w_0 q^2}{2p_0^3 b}$ 可知，当 $p_0 < 2w_0$ 时 $\dfrac{\partial \pi_n^{1*}}{\partial p_0} > 0$，否则

$\dfrac{\partial \pi_n^{1*}}{\partial p_0} < 0$。证毕。

命题 2 表明，农产品供应链参与主体的最大利润与经济社会发展水平和消费环境密切相关，当消费者收入水平较低时（需求价格弹性高），农产品经营者的利润也较微薄。当质量改进前的农产品价格越高时，农产品销售商参与质量改进而获得的利润就越高；而农产品生产者的利润主要受质量改进前其在供应链中的价格增值水平影响，若农产品零售价为批发价 2 倍以上，则实施质量提升行动前的农产品零售价越低，生产商利润越大。

2. 以农产品销售商为主导（模型 2）

该情形下，农产品销售商处于供应链领导者地位而农产品生产者是跟随者，如"公司 + 农户"型农产品供应链，故该模型是以农产品销售商为主导的 Stackelberg 主从博弈模型。首先由农产品销售商确定价格补贴系数 α，农产品生产者根据 α 来确定理想的质量安全度 g^* 和最佳质量投入水平。应用后退归纳法求解该模型：

令 π_s 关于 α 的一阶导数为 0，即 $\dfrac{\partial \pi_s}{\partial \alpha} = p_0 q + p_0 kg - 2bp_0^2 \alpha - 2bp_0^2 - qw_0 = 0$，可得最优价格补贴系数 $\alpha_2^*(g) = \dfrac{p_0 q + kgp_0 - w_0 q}{2bp_0^2} - 1$，代入（5 - 2）

式，并令 π_n 关于 g 的一阶导数为 0，即 $\dfrac{\partial \pi_n}{\partial g} = \dfrac{kw_0}{2bp_0} - zg = 0$，得最优质量安全度：

$$g_2^* = \frac{kw_0}{2zbp_0} \qquad\qquad (5-5)$$

将（5-5）式代入农产品销售商的最优反应函数 $\alpha_2^*(g)$，继而得到农产品质量提升的最优价格补贴水平：

$$\alpha_2^* = \frac{qzb(p_0 - w_0) + 0.5k^2 w_0}{2zb^2 p_0^2} - 1 \qquad\qquad (5-6)$$

此时，实际市场需求量为 $d_2^* = \dfrac{qzb(p_0 + w_0) + 0.5k^2 w_0}{2zbp_0}$。接着，将（5-5）式和（5-6）式代入（5-1）式和（5-2）式，得到此时农产品生产者的利润 π_n^{2*} 和农产品销售商的利润 π_s^{2*}，即：

$$\pi_n^{2*} = \frac{(bqzp_0 w_0 - qzbw_0^2 - 0.25\,k^2 w_0^2)q}{2zb^2 p_0^2} - qc_n$$

$$\pi_s^{2*} = \frac{q^2 z^2 (p_0 - w_0)^2 b^2 + k^2 qzbw_0(p_0 - w_0) + 0.25k^4 w_0^2}{4\,z^2 b^3 p_0^2} - qc_s$$

命题 3 当以农产品销售商为主导进行分散式决策时，农产品生产者和销售商的最大利润均随生产影响因子 z 的增大而减小。农产品生产者的最大利润随需求质量弹性的增大而减小，随需求价格弹性 b 的增大而增大。农产品销售商的最大利润随需求质量弹性的增大而增大，随需求价格弹性 b 的增大而减小。

证明：由 $\dfrac{\partial \pi_n^{2*}}{\partial k} = -\dfrac{qkw_0^2}{4\,zp_0^2 b^2} < 0$，$\dfrac{\partial \pi_n^{2*}}{\partial z} = -\dfrac{qk^2 w_0^2}{8\,z^2 p_0^2 b^2} < 0$，$\dfrac{\partial \pi_n^{2*}}{\partial b} =$

$-\dfrac{q^2 zbw_0(w_0 - p_0) - 0.25qk^2 w_0^2}{2\,zp_0^2 b^3} > 0$ 可知，π_n^{2*} 与 b 正相关，与 z 和 k 负

相关。由 $\dfrac{\partial \pi_s^{2*}}{\partial k} = \dfrac{kqzbw_0(p_0 - w_0) + 0.5w_0^2 k^3}{2\,z^2 p_0^2 b^3} > 0$，$\dfrac{\partial \pi_s^{2*}}{\partial z} = -\dfrac{k^2 w_0 [\,qbz(p_0 - w_0) + 0.5k^2 w_0\,]}{4\,z^3 p_0^2 b^3} < 0$，

119

$$\frac{\partial \pi_s^{2*}}{\partial b} = \frac{-q^2 z^2 b^2 (p_0 - w_0)^2 - 2qzbk^2 w_0 (p_0 - w_0) - 0.75k^4 w_0^2}{4z^2 p_0^2 b^4} < 0 \text{ 可知，} \pi_s^{2*}$$

与 k 正相关，与 b 和 z 负相关。证毕。

命题 3 表明，消费者的需求质量弹性越大，消费者对价格越不敏感，且提升农产品质量安全度所需要的质量投入越小，农产品销售商的最大利润越大。消费者越关注质量，供应链利润分配对生产者越不利，此时会倒逼生产者提高质量投入，短时间内生产者的成本提高利润下降。

（二）集中决策模型（模型3）

该情形下，农产品供应链参与主体不再以自身利益最大化为决策目标，而是通过合作共赢的方式进行集中决策，以实现供应链整体利益最大化。此时，农产品供应链的总利润函数为：

$$\pi_{ns} = p_0 (1 + \alpha) \left[q - bp_0 (1 + \alpha) + kg \right] - q \left[(1 + \alpha) w_0 + c_s \right]$$
$$+ q \left[(1 + \alpha) w_0 - c_n - \frac{1}{2} zg^2 \right]$$

命题 4 当 $2bqz - k^2 > 0$ 时，π_{ns} 是关于 α 和 g 的凹函数，此时供应链整体利润函数存在最大值。

证明：求 π_{ns} 关于 α 和 g 的二阶偏导数和二阶混合偏导数，代入二阶海塞矩阵，判定结果为 $\begin{vmatrix} \dfrac{\partial^2 \pi_{ns}}{\partial^2 g} & \dfrac{\partial^2 \pi_{ns}}{\partial g \partial \alpha} \\ \dfrac{\partial^2 \pi_{ns}}{\partial \alpha \partial g} & \dfrac{\partial^2 \pi_{ns}}{\partial^2 \alpha} \end{vmatrix} = \begin{vmatrix} -qz & kp_0 \\ kp_0 & -2bp_0^2 \end{vmatrix} = (2bqz - k^2) p_0^2$，

当 $2bqz - k^2 > 0$ 时，$(2bqz - k^2) p_0^2 > 0$，又 $-qz < 0$，因此海塞矩阵负定。利润函数 π_{ns} 是关于价格补贴系数 α 和质量安全度 g 的联合凹函数，存在最优解 α_3^* 和 g_3^* 使得利润函数取得最大值。证毕。

令 π_{ns} 关于 α 和 g 的一阶导数为 0，即 $\dfrac{\partial \pi_{ns}}{\partial \alpha} = p_0 q + p_0 kg - 2bp_0^2 - 2bp_0^2 \alpha = 0$，$\dfrac{d\pi_{ns}}{dg} = p_0 k + p_0 k\alpha - qzg = 0$，联立方程，求得最优价格补贴系数和质量安全度分别为：

$$\alpha_3^* = \frac{zq^2}{p_0(2bqz - k^2)} - 1$$

$$g_3^* = \frac{qk}{2bqz - k^2}$$

此时实际市场需求 $d_3^* = \dfrac{bzq^2}{2bqz - k^2}$，集中决策下农产品供应链的最大利润为 π_{ns}^*：

$$\pi_{ns}^* = \frac{0.5zq^3}{2bqz - k^2} - (c_s + c_n)q$$

命题 5 集中决策情形下，农产品供应链整体利润随需求质量弹性 k 的增大而增大，随需求价格弹性 b 和生产影响因子 z 的增大而减小。即消费者越关注质量，越不关注价格，且农产品生产者实施质量提升行动所需要的质量投入成本越小，供应链整体利润越大。

证明：由 $\dfrac{\partial \pi_{ns}^*}{\partial b} = -\dfrac{q^4 z^2}{(2qzbp_0 - k^2)^2} < 0$，$\dfrac{\partial \pi_{ns}^*}{\partial k} = \dfrac{kzq^3}{(2qzb - k^2)^2} > 0$，

$\dfrac{\partial \pi_{ns}^*}{\partial z} = -\dfrac{0.5k^2q^3}{(2qzb - k^2)^2} < 0$，可知 π_{ns}^* 与 k 正相关，与 b 和 z 负相关。证毕。

（三）结果比较与分析

根据上述计算结果，归纳以上农产品供应链参与主体的产品质量提升、价格补贴决策及相应的市场需求变化情况，见表 5-8。

表 5-8　　　　　　　　　　　三种博弈模型比较

变量	模型 1	模型 2	模型 3
α^*	$\dfrac{q(p_0 - w_0)}{2bp_0^2} - 1$	$\dfrac{qzb(p_0 - w_0) + 0.5k^2w_0}{2zb^2p_0^2} - 1$	$\dfrac{zq^2}{p_0(2bqz - k^2)} - 1$
g^*	0	$\dfrac{kw_0}{2zbp_0}$	$\dfrac{qk}{2bqz - k^2}$
d^*	$\dfrac{q(p_0 + w_0)}{2p_0}$	$\dfrac{qzb(p_0 + w_0) + 0.5k^2w_0}{2zbp_0}$	$\dfrac{bzq^2}{2bqz - k^2}$

变量	模型1	模型2	模型3
π_n^*	$\dfrac{q^2(p_0-w_0)w_0}{2bp_0^2}-qc_n$	$\dfrac{(bqzp_0w_0-qzbw_0^2-0.25k^2w_0^2)q}{2zb^2p_0^2}-qc_n$	—
π_s^*	$\dfrac{q^2(p_0-w_0)^2}{4bp_0^2}-qc_s$	$\dfrac{q^2z^2(p_0-w_0)^2b^2+k^2qzbw_0(p_0-w_0)+0.25k^4w_0^2}{4z^2b^3p_0^2}-qc_s$	—
π_{ns}^*	—	—	$\dfrac{0.5zq^3}{2bqz-k^2}-(c_s+c_n)q$

根据表5-8中结果可以得出以下前提条件：

（1）由 $\alpha_1^* = \dfrac{q(p_0-w_0)}{2bp_0^2}-1>0$，易得 $q(p_0-w_0)>2bp_0^2$；

（2）由 $\alpha_3^* = \dfrac{zq^2}{p_0(2bqz-k^2)}-1>0$ 和 $g_3^* = \dfrac{qk}{2bqz-k^2}>0$，易得

$$2bqz > k^2 > 2bqz - \frac{zq^2}{p_0}$$

根据上述讨论，可以得到命题6、命题7及其推论。

命题6 在农产品供应链参与主体以供应链利润最大化进行的集中决策模型中，农产品的质量安全水平要高于分散式决策中农产品的质量安全水平，且以农产品销售商为主导时农产品质量安全水平要高于以生产者为主导的情形。即最优质量安全度满足 $g_1^* < g_2^* < g_3^*$。

证明：由 $g_2^* = \dfrac{kw_0}{2zbp_0}$，$k$，$w_0$，$z$，$b$，$p_0$ 均为正数，易得 $g_2^* > g_1^* = 0$。由 $g_3^* = \dfrac{qk}{2bqz-k^2}$ 可知，欲证 $g_3^* > g_2^* \Leftrightarrow$ 证 $\dfrac{qk}{2bqz-k^2} > \dfrac{kw_0}{2zbp_0} \Leftrightarrow$ 证 $2bqzkp_0 > 2bqzkw_0 - k^3w_0 \Leftrightarrow$ 证 $2bqzk(p_0-w_0)+k^3w_0>0$，由于超市售价大于其收购价，即 $p_0-w_0>0$，且 k、w_0 均为正，可知 $g_3^* > g_2^*$。即证得 $g_1^* < g_2^* < g_3^*$。

命题7 一般情况下，最优价格补偿因子满足 $\alpha_1^* < \alpha_2^*$，$\alpha_1^* < \alpha_3^*$。

证明：由 $\alpha_1^* = \dfrac{q(p_0-w_0)}{2bp_0^2}-1$ 和 $\alpha_2^* = \dfrac{qzb(p_0-w_0)+0.5k^2w_0}{2zb^2p_0^2}-1$，

可以得到 $\alpha_2^* - \alpha_1^* = \dfrac{w_0 k^2}{4zb^2 p_0^2} > 0$，因此 $\alpha_1^* < \alpha_2^*$。又因为 $\alpha_3^* = \dfrac{zq^2}{p_0(2bqz - k^2)} - 1$，则证 $\alpha_1^* < \alpha_3^* \Leftrightarrow$ 证 $\dfrac{q(p_0 - w_0)}{2bp_0^2} < \dfrac{zq^2}{p_0(2bqz - k^2)} \Leftrightarrow$ 证 $q(p_0 - w_0) \times p_0(2bqz - k^2) < 2bzq^2 p_0^2 \Leftrightarrow$ 证 $k^2(w_0 - p_0) < 2bzqw_0$。因为 $w_0 - p_0 < 0$，即 $k^2(w_0 - p_0) < 0$，而 $2bzqw_0 > 0$，所以 $\alpha_1^* < \alpha_3^*$ 成立。

命题 7 表明在该农产品供应链中，以农产品销售商为主导的 Stackelberg 主从博弈模型和以供应链利润最大化为目标的集中决策模型中的农产品价格补偿因子均大于以农产品生产者为主导的 Stackelberg 博弈模型中的价格补偿因子。即在优质优价方面，由供给侧生产者推动的农产品质量提升行动不如由需求侧消费拉动的农产品质量提升行动的优价效果好。

推论 1 当农产品初期价格 $p_0 > \dfrac{k^2}{4b^2 z}$ 时，农产品价格增值幅度满足 $\alpha_1^* < \alpha_2^* < \alpha_3^*$。

证明：要证 $\alpha_3^* > \alpha_2^*$，等价于证 $\dfrac{zq^2}{p_0(2bqz - k^2)} > \dfrac{qzb(p_0 - w_0) + 0.5k^2 w_0}{2zb^2 p_0^2} \Leftrightarrow$ 证 $zq^2 \times 2zb^2 p_0 > (2bqz - k^2) \times (zbqp_0 - zbqw_0 + 0.5k^2 w_0) \Leftrightarrow$ 证

$$0.5k^2 w_0(2bqz - k^2) - 2z^2 b^2 q^2 w_0 + bqzk^2(w_0 - p_0) < 0 \quad (5-7)$$

易知 $bqzk^2(w_0 - p_0) < 0$，因此若能证明 $0.5k^2 w_0(2bqz - k^2) - 2z^2 b^2 q^2 w_0 < 0$，则（5-7）式也成立。由前提条件可知 $\dfrac{zq^2}{p_0} > 2bqz - k^2$，因此 $0.5k^2 w_0(2bqz - k^2) - 2z^2 b^2 q^2 w_0 < 0.5k^2 w_0 \dfrac{zq^2}{p_0} - 2z^2 b^2 q^2 w_0$ 等价于证 $zq^2 k^2 w_0 - 4z^2 b^2 q^2 p_0 w_0 < 0$，等价于证 $zw_0 q^2(k^2 - 4zb^2 p_0) < 0$，等价于证 $p_0 > \dfrac{k^2}{4b^2 z}$。即当 $p_0 > \dfrac{k^2}{4b^2 z}$ 时，层层递推可证得 $\alpha_2^* < \alpha_3^*$，此时有 $\alpha_1^* < \alpha_2^* < \alpha_3^*$。

推论 1 表明当农产品市场价格较高，满足特定条件 $p_0 > \dfrac{k^2}{4b^2 z}$ 时，

以供应链整体利润最大化为目标的集中决策模型中的价格补偿因子才会大于以销售商为主导的分散决策模型下的价格补偿因子。结合命题 6 可以看出，对于价格较高的农产品，供应链合作提升农产品质量水平对于价格增值最有利，农产品优质优价可以最大限度得以实现。

推论 2　市场实际需求量满足 $d_2^* > d_1^*$。当 $0 < w_0 < \dfrac{k^2 p_0}{2bzq - k^2}$ 时，市场实际需求量满足 $d_3^* < d_1^*$；当 $w_0 > \dfrac{k^2 p_0}{2bzq - k^2}$ 时，市场实际需求量满足 $d_3^* > d_1^*$；当 $0 < w_0 < \dfrac{2bzqk^2 p_0}{4b^2 z^2 q^2 - k^4}$ 时，市场实际需求量满足 $d_3^* > d_2^*$；当 $w_0 > \dfrac{k^2 p_0}{2bzq - k^2}$ 时，市场实际需求量满足 $d_3^* < d_2^*$。

证明：由 $d_1^* = \dfrac{q(p_0 + w_0)}{2p_0}$ 和 $d_2^* = \dfrac{qzb(p_0 + w_0) + 0.5k^2 w_0}{2zbp_0}$ 知，$d_2^* - d_1^* = \dfrac{w_0 k^2}{4zbp_0} > 0$，得 $d_2^* > d_1^*$。

由 $d_3^* - d_1^* = \dfrac{0.5(w_0 + p_0)qk^2 - bzq^2 w_0}{p_0(2bzq - k^2)}$ 可知，若 $0.5(w_0 + p_0)qk^2 - bzq^2 w_0 < 0$，则 $d_3^* < d_1^*$。$0.5(w_0 + p_0)qk^2 - bzq^2 w_0 < 0$ 等价于 $w_0 > \dfrac{k^2 p_0}{2bzq - k^2}$。因此，当 $0 < w_0 < \dfrac{k^2 p_0}{2bzq - k^2}$ 时，$d_3^* > d_1^*$；当 $w_0 > \dfrac{k^2 p_0}{2bzq - k^2}$ 时，$d_3^* < d_1^*$。

同理可得 $d_3^* - d_2^* = \dfrac{0.5bzqp_0 k^2 - b^2 z^2 q^2 w_0 + 0.25w_0 k^4}{bzp_0(2bzq - k^2)}$，可知若 $0.5bzqp_0 k^2 - b^2 z^2 q^2 w_0 + 0.25w_0 k^4 < 0$，则 $d_3^* < d_2^*$。$0.5bzqp_0 k^2 - b^2 z^2 q^2 w_0 + 0.25w_0 k^4 < 0$ 等价于 $w_0 > \dfrac{2bzqk^2 p_0}{4b^2 z^2 q^2 - k^4}$。因此，当 $0 < w_0 < \dfrac{2bzqk^2 p_0}{4b^2 z^2 q^2 - k^4}$ 时，$d_3^* > d_2^*$；当 $w_0 > \dfrac{k^2 p_0}{2bzq - k^2}$ 时，$d_3^* < d_2^*$。

推论 2 表明在分散决策的情形下，以销售商为主导推出农产品质量提升行动对提高实际市场销量比以生产者为主导更有效。当农产品生产者出售给销售商的是单价较低的农产品时,集中决策对提高农产品销售量更有利,当农产品生产者出售给销售商的是价值较高的农产品时,以供应链整体利益最大化为目标推出农产品质量提升行动时的实际市场需求量小于分散决策的情形。

三、契约协调策略

根据上文分析可知,从需求侧拉动农产品质量提升效果更好,在此基础上参考杨阳(Yang,2022)等学者的成本分担契约模型,假设农产品销售商愿意以 $\beta \in (0,1)$ 的比例分担质量提升成本,以此激励生产者提高农产品质量提升投入。在以销售商为主导的分散决策情形下,农产品生产商和销售商的利润函数分别为:

$$\pi_n = q\left[(1+\alpha)w_0 - c_n - (1-\beta)\frac{1}{2}zg^2 \right]$$

$$\pi_s = p_0(1+\alpha)(q - bp_0(1+\alpha) + kg) - q\left[(1+\alpha)w_0 + c_s + \frac{1}{2}\beta zg^2 \right]$$

沿用模型 2 中的求解方法,可以得到成本分担契约下农产品生产者和销售商的最优决策及利润如下:

$$g_d^* = \frac{0.5kw_0}{(1-\beta)z\,bp_0}$$

$$\alpha_d^* = \frac{0.25k^2w_0}{zb^2p_0^2(1-\beta)} - 1$$

此时农产品供应链参与主体的利润分别为:

$$\pi_n^{d*} = \frac{0.5k^2w_0^2q}{4zb^2p_0^2(1-\beta)} - qc_n$$

$$\pi_s^{d*} = \frac{\left[(1-\beta)p_0 + (0.5\beta-1)w_0\right]w_0k^2qzb + 0.25w_0^2k^4}{4b^3p_0^2(1-\beta)^2z^2} - qc_s$$

命题 8 该农产品供应链的成本契约协调策略效果依赖于原始参数取值,当 $2qbzw_0 = qbzp_0 + 0.75w_0k^2$ 时,可以取得最优成本分担系数 β^*。

证明：求 π_s^* 关于 β 的二阶导数，得 $\dfrac{\partial^2 \pi_s^*}{\partial^2 \beta} = \dfrac{k^2 w_0(-qbz\beta p_0 + qbz p_0 + 0.5qbz\beta w_0 - 2qbz w_0 + 0.75 w_0 k^2)}{2b^3 p_0^2 (\beta - 1)^4 z^2}$，

令 $F(\beta) = -qbz\beta p_0 + qbz p_0 + 0.5qbz\beta w_0 - 2qbz w_0 + 0.75 w_0 k^2$，可得 $F(\beta)$ 是关于 β 的一阶导数 $\dfrac{\partial' F(\beta)}{\partial' \beta} = -0.5qbz(p_0 - 0.5 w_0) w_0 k^2 < 0$，说明 $F(\beta)$ 是关于 $\beta \in (0,1)$ 的减函数，当 $\beta = 0$ 时 $MaxF(0) = qbz p_0 - 2qbz w_0 + 0.75 w_0 k^2$。令 $MaxF(0) = 0$ 得 $qbz(2 w_0 - p_0) = 0.75 w_0 k^2$，显然，当 $qbz(2 w_0 - p_0) = 0.75 w_0 k^2$ 成立时，若 $\beta > 0$，则 $F(\beta) < F(0) = 0$，此时 $\dfrac{\partial^2 \pi_s^*}{\partial^2 \beta} < 0$，即存在使得 π_s^* 最大化的最优成本分担系数。令 $\dfrac{\partial \pi_s^*}{\partial \beta}$

$= 0$ 可以得到 $\beta^* = \dfrac{qbz(2 p_0 - 3 w_0) + k^2 w_0}{qzb(2 p_0 - w_0)}$。

命题 9 与农产品销售商主导的分散式决策相比，基于成本分担契约的农产品供应链协调模型中的农产品质量更高，且特定条件下价格更便宜。

证明：已知 $g^* - g_2^* = \dfrac{0.5k\beta w_0}{zb p_0 (1-\beta)} > 0$，$\alpha^* - \alpha_2^* = \dfrac{2zb^2(1-\beta)p_0^2 - zbq(1-\beta)p_0 + zbq w_0(1-\beta) + 0.5k^2 w_0 \beta}{2zb^2 p_0^2 (1-\beta)}$，

记分子为 $\gamma(p_0) = 2zb^2(1-\beta)p_0^2 - zbq(1-\beta)p_0 + zbq w_0(1-\beta) + 0.5k^2 w_0 \beta$，则 $\gamma(p_0)$ 是关于 p_0 的开口向上的抛物线，当 $p_0 = \dfrac{q}{4b}$ 时，$\gamma(p_0)$ 取得最小值 $Min\gamma(p_0) = -0.0625(1-\beta)zq^2 + 0.5zbq w_0(1-\beta) + 0.25k^2 w_0 \beta$。那么，若 $Min\gamma(p_0) \geqslant 0$，即 $w_0 \geqslant \dfrac{0.25zq^2(1-\beta)}{2zbq(1-\beta) + k^2 \beta}$，则 $\alpha^* \geqslant \alpha_2^*$；否则当 $0 < w_0 < \dfrac{0.25zq^2(1-\beta)}{2zbq(1-\beta) + k^2 \beta}$ 时，$\alpha^* < \alpha_2^*$。证毕。

由 $\pi_n^{d*} - \pi_n^{2*} = \dfrac{[0.5k^2 w_0(1-0.5\beta) + (qbz w_0 - qbz p_0 - 0.5k^2 w_0^2)(1-\beta)]q w_0}{2(1-\beta)zb^2 p_0^2}$，

$\pi_s^{d*} - \pi_s^{2*} = \dfrac{-[qzb(\beta-1)(w_0 - p_0) - 0.5\beta k^2 w_0]^2 + 0.5\beta k^4 w_0^2}{4z^2 b^3 p_0^2 (\beta-1)^2}$ 可知，

等式右侧符号正负无法直接判断，取决于相关参数取值，因此基本成

本分担契约无法显著提高参与主体利润。

命题 9 表明在分散决策模型的基础上引入成本分担契约可以显著提高农产品供应链中产品的质量，且多数情况下农产品的销售价格并不会高于引入成本分担契约之前，此时基于成本分担契约的供应链中农产品更加质优价廉，但无法显著改善农产品供应链参与主体的利润水平。

四、算例分析

以下将采用算例来进一步验证上述结论，并对模型中的参数进行灵敏度分析。

（一）算例

根据本书课题组对农产品市场的调研，对几种蔬菜在合作社与超市之间的成交价格、超市零售价格及农超对接中发生的其他成本进行综合考虑，设置合理的参数 $q = 30$，$p_0 = 5$，$w_0 = 3$，$c_n = 2$，$c_s = 0.7$，$k = 1.2$，$b = 0.8$，$z = 0.2$。根据理论分析结果，求得三种不同模型下质量安全度 g^*，价格补贴水平 α^*，市场需求量 d^*，农产品生产者、销售商和供应链总利润 π_n^*、π_s^* 和 π_{ns}^* 的最优取值如表 5-9 所示。

表 5-9　　　　　　　　　三种博弈模型比较

变量	模型 1	模型 2	模型 3
α^*	0.5	0.8	3.4
g^*	0	2.3	4.4
d^*	24	25.4	17.6
π_n^*	75	59.8	——
π_s^*	24	46.5	——
π_{ns}^*	99	105.3	249.9

从表 5-9 中可以看出，在该组参数下，与以生产者为主导的分散决策模型相比，以销售商为主导的决策模型中农产品质量安全水平更高，价格补偿因子也更高，市场销售量变化不大，虽然农产品生产者的利润稍微下降，但销售商能得到更高的利润，供应链总利润提高。算例结果能够验证上述命题结论：首先，集中控制式博弈模型中的农产品质量安

全水平最高，其次是以销售商为主导的 Stackelberg 博弈模型，最后是以农产品生产者为主导的 Stackelberg 博弈模型。虽然集中控制式合作博弈的实际市场销量不一定高于非合作博弈，但最终集中控制式博弈下的农产品供应链还是能实现更多的利润，即以供应链整体利润最大化为目标的集中式决策模型更有利于实现农产品供给的"优质优价"机制。

（二）灵敏度分析

根据上文假设，b 是消费者对农产品价格的敏感程度，而 k 是消费者对农产品质量安全的敏感程度。通过对 b 和 k 的灵敏度分析，可以探寻关键参数发生变化时博弈模型中决策变量的变化趋势。

1. 关于消费者价格敏感因子的灵敏度分析

根据上述参数，探讨三个模型中各变量关于消费者价格敏感因子 b 的变化情况。从图 5 - 2 可以看出，价格补偿因子 α 和农产品质量安全度 g 随着消费者价格敏感因子 b 的增加而降低。说明当消费者对农产品价格越来越敏感时，为了提高销量，农产品的销售价格会随消费价格弹性的增加而降低，与此同时，农产品生产者会选择减少质量提升投入以降低成本。但总体而言，以供应链整体利益最大化为目标的集中控制型决策仍是实现农产品优质优价模式的最优策略。

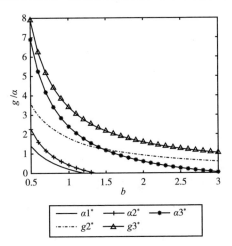

图 5 - 2　质量安全因子 g 和价格补偿因子 α 随消费者
价格敏感因子 b 的变化情况

由图 5 - 3 可以看出，农产品供应链参与主体的利润随需求价格弹性 b 的增大而减小，集中决策下的供应链整体利润最大。由于在该组参数设置下，销售商的利润较为微薄，因此销售商在供应链中的利润分配整体上略低于生产者。当以销售商为主导推动农产品质量升级时，销售商相较于生产者获得了更多利润，即利润向供应链主导者倾斜。

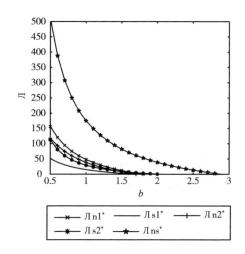

图 5 - 3　农产品供应链参与主体利润随消费者价格敏感因子 b 的变化情况

2. 关于消费者质量敏感因子的灵敏度分析

沿用上述参数，分析三种模型中各变量关于消费者质量敏感因子 k 的变化情况。从图 5 - 4 可以看出，随着 k 的增加，以生产者为主导的 Stackelberg 博弈模型中价格补偿因子 α 和质量安全度 g 均处于最低水平且都未发生变化；而以销售商为主导的 Stackelberg 博弈模型和集中决策模型中的价格补偿因子 α 和质量安全度 g 则均处于上升趋势。说明在消费者越来越重视农产品质量的情况下，以生产者为主导的 Stackelberg 博弈模型中，生产者主导质量安全度 g，销售商主导价格补偿因子，而生产者担心为质量提升付出努力成本后，销售商不能给予相应的补偿，因此为了保证自身的最大收益，生产者会吝于增加质量提升投入，最终表现为对消费者的质量需求弹性不敏感；在模型 2 和模型 3

中，当消费者越来越重视农产品质量时，销售商会通过提高价格补偿因子来激励农产品生产者，以此提升农产品质量。

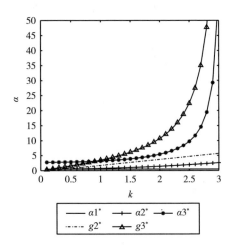

图5-4　质量安全因子 g 和价格补偿因子 α 随消费者质量敏感因子 k 的变化情况

从图5-5可以看出，由于在模型1中，生产商实际未进行质量改进，故对需求质量弹性不敏感。模型2中销售商的最大利润和

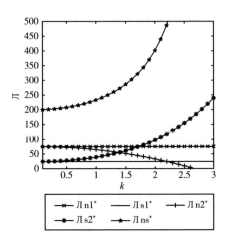

图5-5　农产品供应链参与主体利润随消费者质量敏感因子 k 的变化情况

模型3中供应链总利润随着需求质量弹性的增大而增大，生产者的利润随着需求质量弹性的增大而减小。当需求质量弹性达到一定阈值后，若加价幅度不大，由于质量投入成本过高，农产品生产者将无利可图。

由图5-6可以看出，模型2和模型3中农产品实际市场需求随着消费价格敏感度的提升而下降，随质量敏感度的增加分化成两个阶段：第一阶段是当消费者的价格敏感度非常低时，集中决策模型中的市场实际需求量最低，其次是以生产者为主导的博弈模型，最后是以销售商为主导的博弈模型；第二阶段是当消费者的质量敏感度达到一定的数值后，随着质量敏感度的增加，集中决策模型中的实际市场需求量开始反超分散决策模型中的市场实际需求量。说明当消费者对农产品质量不敏感时，低质量农产品更为畅销；当消费者越来越在意农产品质量时，则优质优价的农产品更为畅销。

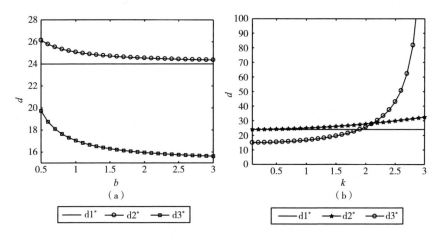

**图5-6 市场实际需求 d 随消费者价格敏感因子 b
和质量敏感因子 k 的变化情况**

（三）其他参数分析

1. 农产品售价对利润的影响

采用上述参数，分析零售价格从5逐渐增加到10时，供应链参与主体的利润变化情况，结果如图5-7（a）所示。从图中可以看出，销售商的利润随农产品销售价格的提高而提高，生产者的利润随售价的提高先增后降。随着农产品单位价值的提高，供应链利润逐渐向销售商倾斜。考虑到原有参数中销售商的利润较低，为了观察供应链参与主体的利润随农产品批发价格的变化情况，假设零售价格等于10，当批发价格从3增加到8时，供应链参与主体的利润变化如图5-7（b）所示。从图中可以看出，随着批发价格的提高，销售商的利润逐渐下降，生产者的利润先增后降。集中决策供应链总利润主要与区域总销量等参数相关，与农产品价格无关。

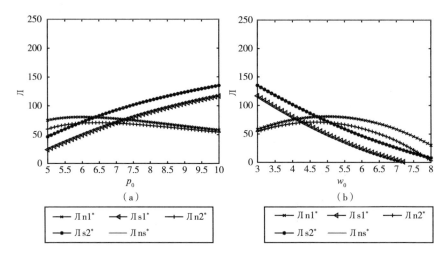

图5-7　供应链参与主体的利润随农产品销售价格 p_0
和批发价格 w_0 的变化情况

2. 成本分担系数的影响

根据命题8，重新设置参数 $k=1$，$b=0.375$，观察成本分担契约下农产品质量安全度、价格补贴水平以及供应链参与主体利润随分担系数 β 的变化情况，结果如图5-8所示。从图5-8（a）不难发现，采用成本分担契约可以显著提高农产品质量安全水平，且价格补贴水平也比引入成本分担契约前低，说明此时农产品价格更加质优价廉。从图5-8（b）可以看出，随着销售商成本分担系数的提高，供应链利润不断向生产者转移，在特定时刻两者可以实现相同利润。

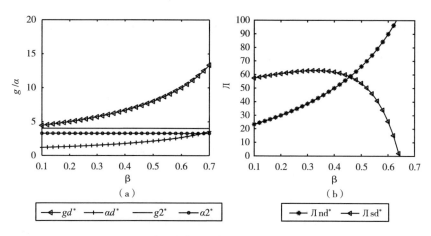

图 5 - 8　引入成本分担契约后供应链主要参数
随分担比例 β 的变化情况

第五节　结论与启示

一、研究结论

农业品牌化是农业调结构、增效益和农业现代化的重要手段。厘清农业品牌建设的影响因素和实现路径对农业品牌建设具有重要的理论和实践价值。本章在调研所收集案例数据的基础上，借助扎根理论和定性比较分析方法，从"主体-要素"互动视角对农业品牌建设的影响因素及其实现模式进行了分析，得出如下结论。

（1）农业品牌建设的影响因素复杂，主要包括 2 个维度 12 个因素。从农业品牌的建设主体维度看，有政府部门、行业协会和农业企业三大类；从要素维度看，有质量、标准、文化、科技、环境、创新、市场、政策和营销九个方面。

（2）农业品牌的建设诸要素既各自发挥作用又相互影响；农业龙头企业作为农业品牌建设的主体之一，对农业品牌的成功打造影响较大。质量和标准化组合是农业品牌建设诸要素中最关键的一种条件组合。只有在质量和标准化保障到位的情况下，加入其他要素才能发挥更大作用。科技、环境、标准和质量是农业品牌建设的基础性要素，文化、市场和营销是农业品牌建设的推动性要素，政策和创新是农业品牌建设的保障性要素。

（3）农业品牌建设有四种典型实现模式，分别是政府推动型、龙头企业主导型、企业和协会联动型、政府和协会引领型。这四种模式具备较强的主体行动色彩，其中政府推动型、政府和协会引领型主要针对的是区域农业公用品牌，龙头企业主导型、企业和协会联动型针对的既有区域农业公用品牌也有农业企业品牌和农产品品牌。

（4）在分散决策模式下，以销售商为主导提升农产品质量水平比以生产者为主导提质效果好，但都低于以供应链整体利益最大化集中决策时的效果。因此，从提升农产品质量安全度考虑，提高供应链一体化水平、建立供应链联盟，由供应链成员协同推出农产品质量提升行动计划是最优策略。考虑到农产品实际需求量受单位农产品批发价格影响，因此从打开销路提高农产品市场知名度的角度，在推出农产品质量提升行动计划时，供应链参与主体要根据所经营产品的特点因地制宜地选择决策策略。一般来说，普通大众化农产品由供应链集中决策推动质量升级对扩大销量更有利，而批发价较高的高端农产品则由销售商主导对扩大销量打开市场更有利。

（5）农业品牌建设过程中，农产品销售价格和质量安全度受需求价格弹性和需求质量弹性影响，消费者对价格越敏感，低质低价的大路货越畅销；消费者对质量越敏感，以供应链整体利益最大化提升农产品质量时优质优价机制越有保障，且相对于分散决策下的农产品质量提升行动更显"物美价廉"。因此，从推动农产品行业高质量发展出发，首先要着力于提升农产品消费者的收入水平，降低需求价格弹性，其次要宣传食品安全理念，提高需求质量弹性，倒逼农产品优质优价机制建设。

二、政策启示

农业品牌建设能够缓解当前我国低端农产品供给过剩、高端农产品供给不足等供给侧结构性失衡问题，但目标的实现需要建设主体与建设要素的良性互动。基于此，提出如下政策启示。

（1）由于农业品牌建设的利益相关主体多、协调难度大且准入门槛低，品牌建设初期要根据品牌产权类型明确相应的建设主体，避免"搭便车"行为和"公地悲剧"损害品牌信誉。

（2）依据农业的特殊性和保护性要求，政府应重视出台相应的指导、激励、监督和保护政策措施，重视引导成立农产品行业协会和培植行业内农业龙头企业，通过多主体联动规范农业品牌建设参与主体的行为，带动更多农户参与农业品牌建设，带动农业品牌发展。

（3）农业品牌建设主体要围绕农产品特点和产地资源禀赋，以质量和标准化为核心要素，灵活发挥营销、文化、科技、创新等要素的作用，在不同的发展阶段有层次地规划农业品牌建设重点，初创期以基础性要素建设为重点，发展期加大营销投入，成熟期提高研发和创新投入，按照不同的农业品牌建设模式和发展路径建立正式制度约束，提高农业品牌建设资金和资源投入的针对性。

（4）采用成本分担契约可以显著提高供应链中农产品的质量水平，特定条件下农产品的补贴价格相较于引入契约之前低，有利于降低售价提高销量，且成本分担契约有利于供应链利润分配向生产者转移。从保护"小农"和提高消费者剩余的角度，应鼓励销售商通过成本分担的形式推动质量升级打造农业品牌。

第六章 品牌建设对农业企业经营绩效影响的实证分析

本章在前述分析的基础上，围绕品牌视角下农业龙头企业经营绩效受哪些因素影响，以及这些因素对农业龙头企业的绩效有何种程度的影响展开。分析了品牌承诺对农产品供应链企业财务绩效的影响，调研问卷主要在江苏省农业第一大市盐城市发放。

之所以选择农业龙头企业，是因为在"市场–政策"的双重导向下，农业龙头企业扮演的角色是多元的，它不仅要为社会提供各类产品，还要促进社会就业、为国家贡献利税，并通过多种形式带动农户，提升农民收入，改善区域经济，实现现代农业的产业化。因此，对农业龙头企业的相关研究显得格外迫切和重要。中国作为农业大国，农业生产水平和效率却普遍偏低，农业龙头企业作为农业产业化经营的组织载体，按照"扶持农业产业化就是扶持农业，扶持龙头企业就是扶持农民"的政策理念，中央和地方各级政府近年来一直把扶持重点农业龙头企业作为一项重要举措（李道和、池泽新，2011）。

第一节 品牌视角下农业企业经营绩效的影响因素分析

围绕品牌视角下农业企业经营绩效受哪些因素影响，已有很多学者做过相关研究，如政策支持对农业龙头企业绩效的影响分析（李道和、池泽新，2011），研发投入和劳动效率对农业龙头企业的经营效率的影响（崔宝玉、刘学，2015），农业集群品牌培育对农业龙头企业的长远影响（王兆君、陈洪增，2011），多元化非农经营战略和农业龙头企业产出绩效之间的关系（刘克春等，2011）等。刘克春（2011）对中国农业龙头企业实施多元化非农经营战略进行了理论分析，并采用江西省农业龙头企业数据，实证分析了多元化非农经营战略对农业龙头企业产出绩效的影响。袁斌等（2015）通过 DEA 模型，对南京市109 家农业产业化龙头企业 2012 年的投入产出效率进行评价，进一步通过分位数回归模型，对不同等级农业龙头企业的生产效率差异影响因素进行分析。在带动农户方面，陈灿等（2015）借鉴国外供应链关系治理研究的相关理论与方法，探讨了在中国农业龙头企业与农户利益联结的特殊情境下，关系治理对企业合作绩效的影响。此外，郭红东（2006）运用浙江省农业龙头企业的调查数据对农户订单履约率进行了实证研究。这些研究结果显示，资本投入和劳动力投入依旧是农业龙头企业绩效增长的重要因素，不同规模下农业龙头企业的农户履约率也各有不同。已有文献多是就资本投入、劳动力投入、科技投入等因素对企业经营绩效的影响进行分析，或是通过对农产品区域品牌的"伞品牌"与"个别品牌"的比较来探讨二者之间的互动关系（俞燕、李艳军，2015），而较少聚焦于企业在是否形成品牌情况下绩效影响因素的对比分析。本书将借助盐城市"百家农业产业化龙头企业提升工程"统计年报表相关数据，重点分析品牌和非品牌企业视角下各变量对经营绩效的影响。

在研究品牌对企业绩效的影响时，大卫·艾克（David A Aaker，1991）认为企业品牌含有一定的价值，是一种能为企业带来收益的无形资产，张学明等（2010）进一步指出农业龙头企业未来的竞争将是品牌的竞争，这一点已经成为龙头企业的共识。当然，企业品牌之间的竞争最终折射在企业核心竞争力的强弱程度当中，李大胜等（2009）利用广东农业龙头企业的调查数据，分析了农业龙头企业在培育核心竞争力过程中所存在的问题。结果显示，企业规模对农业龙头企业核心竞争力的培育影响较大，而创新能力对其影响较小，说明农业龙头企业的创新能力还有待提高。路易斯·约翰孙和博胡米尔·帕兹德尔卡（Johnson L D and Pazderka B，1993）提到研发投入最终目的是提升企业的创新能力，获得区别于其他竞争者的优势，从而提高公司绩效。

由此可见，企业创新能力与研发投入关系密切。但学者们在探讨研发投入对企业绩效的影响时，存在争议，如加里·杰佛逊等（Gary H Jefferson et al.，2006）研究发现，研发支出的收益率远远高于固定资产投资的收益率，程宏伟等（2006）认为企业研发产出的相关程度随着时间的推移而发生变化，即存在滞后效应，黄洁莉等（2014）指出我国农业上市公司研发尚未对业绩产生正面影响，反而呈现出微弱的负面影响。

从以上文献不难看出，品牌视角下农业企业经营绩效的相关研究丰富，既有从企业自身出发，也有从农户以及政府出发的研究分析，但由于研究的样本、区域，甚至时间的不同，研究结论并不完全统一。因此，本章从品牌的视角研究农业龙头企业经营绩效影响因素，深入比较分析这些因素的影响机理。

一、数据来源和统计性描述

本书数据来自 2013～2014 年盐城市"百家农业产业化龙头企业提升工程"统计年报表。作为排名全国第三的农业大市，截至 2014 年 7 月，盐城市共拥有 7 家省级农产品加工集中区，登记专业合作社 8668 个，拥有年销售 500 万以上的农产品加工企业 1672 个，因此其发展情况也在一定程度上代表了我国未来农业现代化的发展方向，其数据具有一定的代表性（徐静等，2015）。表 6 - 1 给出了本书相关变量的简单统计，从中可初步发现，盐城市农业龙头企业在规模与资源配置方面存在较大的差异。其中，无论是销售收入还是固定资产的最大最小值之比都在 80 以上，企业从业人数和带动农户数最大最小值之比也都接近或超过 80。显然，如此巨大的数值差异一方面表明我国农业龙头企业的实力层次不同、规模差异明显、资源配置不一，另一方面也说明在对农业龙头企业经营绩效的影响因素进行实证分析时，有必要进行区分研究。

依据中华人民共和国国家工商行政管理总局《驰名商标认定和保护规定》相关规定，认定驰名商标应当考虑的因素包括：证明该商标驰名的其他证据材料，如使用该商标的主要商品在近三年的销售收入、市场占有率、净利润、纳税额、销售区域等。由于企业不同商标等级是客观的二手数据，误差较小，因此将企业商标等级作为品牌等级的代理变量是可以接受的（袁政慧，2016）。依据问卷填写者的回答，样本企业拥有的商标分为中国驰名商标、江苏省著名商标、盐城市著名商标和一般商标四大类，研究中依次将其作为国家级品牌、省级品牌、市级品牌和非品牌农业龙头企业处理。

表 6 - 1　　　　　　　　　变量的描述性统计

变量	最小值	最大值	均值	标准差	样本量
销售收入（万元）	943.00	1.66E5	1.9652E4	25437.69784	77
固定资产（万元）	626.00	93404.00	8.9176E3	13146.27080	77
资产总额（万元）	1519.00	1.40E5	1.7953E4	22035.45307	77
从业人数（人）	38.00	3200.00	3.9629E2	536.87097	77
带动农户数（户）	350.00	78300.00	1.2659E4	17438.72021	77
企业有无品牌	0	1	0.74	0.441	77

资料来源：Stata 11.0 统计输出。

二、变量选取和模型设定

（一）数据包络分析模型（DEA）

关于效率测量的方法主要有随机前沿分析和数据包络分析。前者的测定需要基于一定的制度和条件假设，而 DEA 的 BCC 模型不需要提供要素价格的信息，适用于相对小的样本计算。在决策单元中，BCC模型可以将测算的综合技术效率（EC）分解为纯技术效率（PEC）和规模效率（SEC），即 $EC = PEC \times SEC$，其中纯技术效率是企业管理和技术等因素影响的生产效率，规模效率是企业规模因素影响的生产效率。鉴于此，本章使用 Banker 等人提出的 BCC 模型，通过综合技术效率及分解成分来判断决策单元效率的高低。指标选取方面，基于 C-D生产函数的思想，考虑指标的代表性以及样本数量的限制，以资产投入、职工人数、带动农户数作为投入指标，来反映企业的规模及资源利用情况；以销售收入为产出指标，来反映企业的经营成果；以盐城市71家农业龙头企业作为决策单元，考察农业产业化的经营效率。

（二）多元线性回归模型

为了对影响农业龙头企业经营绩效的因素进行实证分析，对于企业绩效指标的选择，参考兰德尔·莫克等（Randall Morck et al., 1988）和约翰·麦康奈尔等（McConnell John J et al., 1990）采用的企业价值指标，由于企业营业利润与产出一般呈正向变化，因此选用企业销售收入作为农业企业绩效的衡量指标，来反映企业的经营成果。因为C-D生产函数在描述产出与生产要素的关系时有着重要作用，所以在研究农业企业绩效的过程中借鉴这一形式，得到（6-1）式如下：

$$SR_i = k \cdot GM_i^{\alpha_1} \left(\frac{ZG}{ZC} \right)_i^{\alpha_1} \times \Pi \, x_i^{\alpha_i} \qquad (6-1)$$

式中，x_i、∂_i分别代表影响农业龙头企业经营绩效SR_i的各个自变量及对应的系数，对（6-1）式进行求导并引入相关变量。由于资产规模是指企业、自然人、国家拥有或者控制的现有的总资产额或者固定资产额，因此根据所获得的数据情况选择企业的固定资产值来衡量企业资产规模；在探讨劳动力对企业绩效的影响时，以往文献多是以企业职工总数来衡量，然而单纯以劳动力的总数来表示往往不能全面地反映企业的人力资源情况，如邵文波等（2018）的研究中认为企业的规模扩大会造成高技能劳动力相对需求上升，笔者猜测已形成品牌的农业龙头企业机械化程度可能高于未形成品牌的农业龙头企业，其劳动力密度可能低于未形成品牌的农业龙头企业，因此参考杨本建和黄海珊（2018）研究城区人口密度对开发区企业生产率的影响，在模型中引入农业龙头企业劳动力密度这一变量，用企业从业人数除以资产总额得到，反映农业龙头企业的人力资源密集程度；在贾伟和秦富（2013）的研究中，研发投入均对企业绩效产生显著的正向影响，而目前看来，技改投入容易被人忽视，因此将研发投入与技改投入一并引入模型，进行对比分析；此外，农业龙头企业一个非常重要的作用就是带动农户增收、农户"反哺"企业，为了突出其特性，引入带动农户能力这一指标。为避免模型随机误差项，对相关变量做了对数处理，构建多元线性回归模型如（6-2）式所示：

$$\ln SR = \alpha_0 + \alpha_1 \ln GM + \alpha_2 \ln RD + \alpha_3 ZG/ZC + \alpha_4 \ln JG + \alpha_5 \ln NH + \varepsilon$$

$$(6-2)$$

式中，SR 指农业龙头企业的经营绩效，取企业的年销售收入；GM 是企业的固定资产，代表企业的规模；RD 为企业的研发投入，用企业每年的研发经费表示；ZG/ZC 代表企业的劳动力密度，以企业从业人数除以企业资产总额得到，用来衡量企业的劳动力密集程度；JG 是企业每年在技术改造时投入的经费，即企业的技改投入；NH 为企业每年带动的农户数量。据经济学理论和相关研究，提出如下假说：

假说1：企业资产规模、研发投入和技改投入对农业龙头企业的经营绩效将会产生显著的正向影响。此假设主要基于已有的企业绩效影响因素研究，一般来说，企业固定资产越多，即企业规模越大，越能支持企业取得更好的经营业绩；同时，越有能力和魄力的企业越重视研发投入，其研发经费也越高，侧面反映企业在走上坡路、经营得越好。技改投入同理。

假说2：劳动力密度对农业龙头企业的经营绩效将会产生显著的负影响，且对品牌和非品牌农业龙头企业的影响程度不一样，对非品牌农业龙头企业的负向影响程度更高。一般而言，当农业企业发展到了一定程度，机器生产逐渐替代人工劳作，就会出现生产劳动力过剩的现象，所以对于农业龙头企业来说，企业机械化程度高，过高的劳动力密度反而会滋生怠惰，造成效率低下以及高额的薪水开支等，拖累企业绩效。品牌农业龙头企业在机械化方面普遍做得比非品牌农业龙头企业好，所以相应地假设劳动力密度对非品牌农业龙头企业的负向影响程度更高。

假说3：带动农户的能力对农业龙头企业的经营绩效将会产生显著的正向影响，且对品牌和非品牌农业龙头企业的影响程度不一样，对品牌农业龙头企业的正向影响程度更高。"公司+农户"模式即企业与农户通过以签约形式建立互惠互利的供销关系，农业龙头企业带动农户数目越多，即带动能力越强，对企业的经营越有利。而品牌农业龙头企业在利益关联、制度约束等方面，比非品牌的农业龙头企业要更为规范，其带动效果应该更好，所以假设带动农户能力对品牌农业龙头企业的正向影响程度更高。

三、实证结果分析

（一）不同品牌等级的农业企业经营效率差异分析

借助 DEAP2.1 软件对盐城市农业龙头企业经营效率进行测算，结果见表 6-2、表 6-3。

表 6-2　　　不同农业龙头企业的效率均值与规模效益变化分布

品牌等级	综合效率均值	纯技术效率均值	规模效率均值	规模报酬递减	规模报酬不变	规模报酬递增	样本数
国家级品牌	0.616	0.808	0.749	0.288	0.429	0.286	7
省级品牌	0.602	0.835	0.717	0.059	0.235	0.706	17
市级品牌	0.225	0.641	0.341	0.000	0.741	0.926	27
非品牌	0.482	0.767	0.621	0.100	0.250	0.650	20
总体	0.205	0.537	0.386	0.000	0.042	0.958	71

资料来源：DEAP 2.1 统计输出。

表 6-3　　　农业龙头企业技术效率不同取值区间的概率分布

品牌等级	技术效率取值区间				
	0~0.2	0.2~0.4	0.4~0.6	0.6~0.8	0.8~1.0
国家级品牌	0.143	0.286	0.143	0.000	0.428
省级品牌	0.059	0.353	0.118	0.177	0.293
市级品牌	0.704	0.185	0.000	0.037	0.074
非品牌	0.300	0.200	0.200	0.050	0.250
总体	0.704	0.127	0.085	0.028	0.056

资料来源：DEAP 2.1 统计输出。

（1）不同品牌等级企业技术效率差异显著。选取的 71 家盐城市农业龙头企业整体效率低下，两极分化较为突出，其中 42% 的国家级品牌龙头企业生产效率集中于 0.80 以上，效率水平相对较高；省级品牌龙头企业生产效率分别集中于 0.2～0.4 和 0.8～1.0 之间，同等级企业间效率差距较大；市级品牌龙头企业整体生产效率较低，低于 0.2 的有 19 家，占市级品牌企业总数的 70.37%，其所占比例远高于国家级品牌、市级品牌和非品牌企业；非品牌龙头企业生产效率分布相对均匀，其技术效率均值高于市级品牌企业。总体而言，国家级品牌、省级品牌和非品牌龙头企业的综合效率高于市级品牌企业，可见生产效率并未随其等级的提升而提升，相反却出现了下降的趋势，呈现"U"型分布。

（2）规模效率是制约大部分企业生产效率的主要原因。从各品牌等级农业龙头企业看，国家级品牌企业有 71.70% 处于规模报酬不变或递减的状态，表明这些企业已经接近或超出最优生产规模，其规模效率已经不再有利于生产效率的提升。而省级品牌、市级品牌和非品牌企业均有半数以上处于规模报酬递增的状态，其中市级品牌企业甚至高达 92.60%，由于市级品牌企业规模效率偏低，致使其整体技术效率低于非品牌企业，说明现阶段扩大规模将有助于提升生产效率。

（3）纯技术效率仍有较大提升空间。技术效率值是纯技术效率值与规模效率值的乘积。由表 6-3 可知，在纯技术效率方面，国家级品牌和省级品牌企业的技术效率虽然明显高于市级品牌和非品牌企业，但还未实现最优，尚有较大的提升空间。市级品牌企业的纯技术效率略低于非品牌企业，出现这种反差的原因可能是非品牌企业处于发展初期，科学技术的引进和资源配置的优化等改进效果十分明显，而市级企业限于管理水平和规模，科技水平的提升可能会使传统工人脱节出现不适应等，导致纯技术效率低下。

（二）总体层次上农业龙头企业经营绩效的影响因素分析

模型参数的估计方法为 OLS 法，统计软件为 Stata11.0。首先，对模型的多重共线性进行检验，结果显示 VIF 值均小于 5，意味着模型较好，不存在多重共线性困扰。其次，为验证模型的稳定性和有效性，对所构建的模型采取逐步回归的方式，在控制有效变量的基础上，逐步剔除不显著变量来优化模型。表6-4为对企业经营绩效影响因素的计量检验结果，先分别将企业规模、研发投入、劳动力密度、技改投入和带动农户数等作为解释变量与企业经营绩效进行回归分析，根据每一轮的结果，剔除不显著的变量技改投入和带动农户数，最终得出较为稳健的回归模型A3，其 R^2 在0.6左右，该结果是可以接受的。从各变量对因变量的影响来看，企业规模和研发投入是农业龙头企业绩效增长的重要因素。其中，企业规模对农业龙头企业经营绩效增长的影响最大，企业规模每扩大1%，将使得农业龙头企业绩效增加0.52%；其次是研发投入，研发投入每增加1%，农业龙头企业的绩效会增长0.41%；劳动力密度虽然对经营绩效有较为显著的正向影响，但影响最弱，劳动力密度每增加1个单位，企业的经营绩效才会增加3.15%，说明我国农业龙头企业已经开始有意识地从粗放式的生产模式往机械化、精细化发展，希望摆脱对劳动力投入的依赖。与研发投入相比，技改投入对农业龙头企业的经营绩效并不显著，原因可能是研发投入是企业管理者为了企业的科技进步，主动投入资金、研究探索

表6-4 企业经营绩效的影响因素分析

变量	模型 A1		模型 A2		模型 A3	
	系数	T 值	系数	T 值	系数	T 值
ln GM	0.52 ***	4.94	0.53 ***	5.12	0.53 ***	5.21
ln RD	0.41 ***	3.64	0.44 ***	4.14	0.42 ***	4.86
ZG/ZC	3.15 **	2.20	3.05 **	2.15	3.03 **	2.15
ln JG	-0.01	-0.14	-0.03	-0.26		
ln NH	0.06	0.79				
Constant	2.13 **	2.24	2.48 ***	2.94	2.50 ***	2.96
R^2	0.62		0.62		0.62	
Adj R^2	0.59		0.59		0.60	
Prob > F	0.0000		0.0000		0.0000	

注：*，**，*** 分别表示10%、5%和1%显著性水平。
资料来源：Stata11.0统计输出。

取得成果，并把创新成果转化为商品进行销售谋取合法的经济效益的行为，而技改投入是以改进过去的不足为首要目的，往往是由于企业生产场所、生产设备不适应产品生产需要、节能降耗等要求而进行的被动投入，收益性较弱。同时，带动农户数对农业龙头企业的经营绩效影响也不显著，究其原因，可能与农业龙头企业和农户所签订的合同履约率较低有关，尽管农户与农业龙头企业签订了合同，但是由于市场价格变动，极有可能导致某一方失约，带动农户数与绩效的相关系数也验证了两者的关联程度不高。

（三）品牌区分下企业经营绩效影响因素对比分析

由于农业龙头企业存在规模不一、资源配置迥异等差别，同时考虑到样本数量的局限，因此本书以是否形成品牌作为区分指标，将农业龙头企业分为品牌企业和非品牌企业两大类，其变量的描述性统计见表6-5。从表6-5中可以看出，有品牌的农业龙头企业和无品牌的农业龙头企业相比，其资产总额、销售收入的均值相差虽然不大，但品牌企业从业人数是非品牌企业的近两倍左右，且品牌企业在带动农户数量方面比非品牌企业略胜一筹。

表6-5   品牌与非品牌企业各变量的描述性统计

变量名	变量符号	非品牌企业			品牌企业		
		均值	标准差	样本量	均值	标准差	样本量
销售收入	SR	2.1504E4	20553.58345	15	1.5640E4	17564.98661	42
固定资产	GM	9.2831E3	13678.12989	15	1.0103E4	15320.66298	42
资产总额	ZC	1.5904E4	18637.23786	15	1.8183E4	24527.92851	42
职工人数	ZG	6.7453E2	934.80639	15	3.8062E2	423.02851	42
研发投入	RD	2.8007E2	288.17838	15	2.2624E2	252.05485	42
技改投入	JG	5.4747E2	5.4747E2	15	4.5455E2	961.17274	42
带动农户数	NH	7.2735E3	8020.13182	15	1.1650E4	16548.37553	42

资料来源：Stata11.0统计输出。

为了更好地体现和对比各变量对农业龙头企业经营绩效的影响，分别对两类企业经营绩效的影响因素进行逐步回归，结果见表6-6和

表6-7。

表6-6	非品牌企业的经营绩效影响因素分析					
变量	模型B1		模型B2		模型B3	
	系数	T值	系数	T值	系数	T值
ln GM	0.74**	3.13	0.77***	3.94	0.74***	3.72
ln RD	0.24	0.69	0.31*	2.11	0.27*	1.81
ZG/ZC	3.40*	1.98	3.43*	2.09	3.58*	2.14
ln JG	0.08	0.23				
ln NH	0.21	-1.18	0.20	-1.23		
Constant	3.03	1.23	2.72	1.39	1.60	0.90
R^2	0.72		0.72		0.67	
Adj R^2	0.56		0.60		0.58	
Prob > F	0.0237		0.0085		0.0052	

注：*，**，*** 分别表示10%、5%和1%显著性水平。

资料来源：Stata11.0统计输出。

表6-7	品牌企业的经营绩效影响因素分析					
变量	模型C1		模型C2		模型C3	
	系数	T值	系数	T值	系数	T值
ln GM	0.33***	2.70	0.36***	2.97	0.37***	3.29
ln RD	0.41***	3.19	0.45***	2.11	0.46***	4.11
ZG/ZC	-1.51	-0.30	-1.29	-0.26		
ln JG	0.09	0.84				
ln NH	0.18***	2.10	0.16**	1.95	0.16**	1.98
Constant	2.28***	1.92	2.50***	2.18	2.33***	2.48
R^2	0.68		0.68		0.68	
Adj R^2	0.64		0.64		0.65	
Prob > F	0.0000		0.0000		0.0000	

注：*，**，*** 分别表示10%、5%和1%显著性水平。

资料来源：Stata11.0统计输出。

从不同模型整体回归的结果来看，企业规模和研发投入对农业龙头企业的经营绩效影响依然显著，系数却发生了较大变化。非品牌企业的经营绩效增长主要依赖于企业规模的扩大，品牌企业则倾向于通过增加研发投入来拉动企业经营绩效的增长。原因可能是非品牌企业尚处于劳动密集型阶段，生产加工方面还属于粗放模式，规模扩大的同时其实也意味着企业劳动力密度的提高，从表6-6中可以看出，企业劳动力密度对非品牌企业的经营绩效有着较为显著的正影响，劳动力密度带来的叠加效应使得企业的规模对经营绩效的影响更为突出。相比之下，品牌企业的经营绩效主要依赖于企业的研发投入力度，笔者猜测有品牌的农业龙头企业已经开始进入资本密集型阶段，其企业管理模式日趋成熟，生产加工方式更为精细化、机械化。品牌企业加大研发投入，追求科技含量更高、更有效率的生产方式，逐渐脱离对企业劳动力密度的依赖。这一点从表6-7也得到了验证，劳动力密度对品牌企业的经营绩效并不显著，甚至可能有负面作用，在同等条件下，如提高企业的劳动力密度，会使得品牌企业的薪水开支增加，企业净利润相应减少，直接影响企业经营绩效。

　　无论是品牌还是非品牌农业龙头企业，技改投入对企业的经营绩效都没有显著影响，某种程度上暗示着企业可能没有做出什么实质性的技术改造。在带动农户方面，从表6-6中可以看出非品牌企业带动的农户数对企业经营绩效影响并不显著，表6-7中品牌企业带动的农户数对企业的经营绩效产生了显著的正向影响。显然，有品牌的农业龙头企业比无品牌的农业龙头企业更有优势，这种优势不仅体现在带动农户的数量上，还表现在带动农户的"质量"上。与非品牌企业相比，品牌企业与农户签订的合同更为规范，管理制度也更为完善，农户更倾向于与品牌企业签订合同。而"高质量"体现在农户合同签订的履约率和农户的生产积极性更高。有品牌的农业龙头企业通过带动这些"高质量"的农户，与他们结成利益共同体，最终实现双赢。

四、主要结论

　　（1）总体上看，农业龙头企业的规模、研发投入对经营绩效有显著性正向影响，劳动力密度虽然对绩效也有显著的正向影响，但影响相对弱很多，说明目前我国农业龙头企业经营绩效的增长主要依赖于企业规模和研发投入。然而，企业规模和研发投入对于品牌企业和非品牌企业绩效的影响程度有较大差异，具体表现在非品牌企业的绩效增长主要倚重企业规模的扩张，而品牌企业的绩效增长主要靠研发投入。从长远来看，农业龙头企业仅仅靠扩大规模来提升经营绩效并不可取，要想获得健康高效的发展，最重要的不是做大而是做精。通过增加农业龙头企业的研发投入，更能提升企业的产品质量和劳动生产效率，快速高效地提升农业龙头企业的经营绩效。

（2）劳动力密度对非品牌企业有较为显著的正向影响，对品牌企业绩效的影响却并不显著，反而有削减倾向。目前非品牌的农业龙头企业绩效增长还较为依赖劳动力投入，生产加工方式尚处于简单粗放式加工，企业的劳动力密度越高，经营绩效越好；而形成品牌的农业龙头企业已经有意识地从劳动密集型向资本密集型、知识密集型靠拢。由实证结果可知，盐城市农业龙头品牌企业在这一转变过程中做得较好，其经营绩效的增长摆脱了对于劳动力密度的依赖。因此，要想提高企业的经营绩效，单方面靠增加劳动力投入行不通，关键在于改变农业龙头企业的传统生产加工方式，推进企业的机械化、精细化发展，这一点和加大企业研发投入相互呼应。

（3）带动农户数对非品牌的农业龙头企业经营绩效无显著影响，而对品牌企业的绩效产生了显著的正影响，其原因在于企业所带动农户数量和质量上的差异。拥有自主品牌的农业龙头企业由于其独特的品牌权威和号召力，其带动的农户不仅数量上远高于非品牌企业带动的农户数，从质量上看，品牌企业带动的农户生产积极性更高，合同违约率更低。

第二节　品牌承诺对农业企业经营绩效的影响机理分析

早在 1970 年，美国著名经济学家乔治·阿克尔洛夫（George A

Akerlof）就对产品质量问题进行过研究，在其论文《柠檬市场：质量的不确定性和市场机制》中从质量与不确定性出发，提出了非对称信息理论，即当消费者无法掌握产品质量信息时，通常会出现"劣币驱逐良币"现象。根据阿克尔洛夫的观点，很容易解释一系列质量安全事件发生的深层原因，即当消费者无法判断产品质量的好坏时，次品由于生产周期短、生产成本低、监管处罚难等诸多原因逐渐驱逐良品，进而充斥了整个市场。然而，非对称信息在市场竞争中是普遍存在的，当"柠檬市场"产生时，对于提供高质量产品的企业来讲生存将变得困难（朱纪明，2012）。那么究竟要如何规避产品市场的柠檬问题呢？1974年，迈克尔·斯彭斯（Michael Spence，1974）在其论著《市场信号：雇佣过程中的信号传递》中提出通过可观察的行为传递商品价值或质量的确切信息，即品牌承诺。也就是说，当企业通过品牌承诺向消费者传递关于产品或服务的积极信息时，能够有效缓解产品市场的信息不对称行为，进而引导消费者做出理性决策。在随后的研究中，学者们开始将研究重心引入信息甄别领域，寄望通过不同的合同判断产品质量信息。随着食品安全事件频发，目前关于产品质量的研究也多集中于安全供给意愿和行为方面，关于品牌质量承诺的研究明显不足。显然，品牌有助于消费者进行产品质量判断，但对于企业来说却会增加承诺行为的维护和执行成本，尤其是在完全竞争的农产品市场中，消费者是否重视质量承诺信息，以及进行质量承诺会否提高供应链企业的财务表现是一个值得研究的课题。

　　通过文献梳理发现，学术界对品牌质量承诺的研究仍处于起步阶段，相关论文不多，且大多聚焦工业企业，对农业企业品牌承诺与企业绩效关系的研究很少，更不提对其作用路径的细致分析。为此，根据信号传递理论的基本思想，笔者将供应链信息共享及由此带来的客户满意度作为中介变量，通过对盐城市183家农业企业和农民专业合作社的实地调查，从实证角度探讨了品牌质量承诺对农产品供应链企业的影响机理及作用路径，为鼓励农业企业实施合理的品牌承诺行为提供理论支撑和对策建议。

一、研究假设

（一）品牌承诺

品牌承诺一词起源于英文"brand promise"，即一个品牌给予消费者的所有保证，包括产品承诺和服务承诺两方面内容。陈义国（2010）等学者提出，在位者通过承诺"提供多档次质量的产品"等产品质量策略性行为可以构建进入壁垒，减少潜在进入者的期望收益，使其做出不进入决定，而策略性进入壁垒的特征就是抢先承诺，即进行不可逆的投资。波肖夫（Boshoff，2000）认为管理者服务质量承诺是顾客良好服务质量感知的保证。顾客感知服务质量直接决定着顾客满意度、忠诚度，从而影响企业绩效、利润和竞争力，因此备受管理者和学者们的重视（曹花蕊等，2012）。徐栖玲和常松（1998）对商场服务质量承诺制度的研究也表明，商场管理人员通过沟通并履行服务质量承诺能够提高顾客感知服务质量及满意度。此外，根据信号传递理论，品牌质量承诺行为有助于消费者获取更多的产品质量信息，大大促进了信息在农产品供应链企业之间的分享。根据以上分析，笔者提出下列假设：

H1：品牌质量承诺行为有助于提高供应链企业的财务绩效；

H2：品牌质量承诺行为有助于提升供应链企业的信息分享水平；

H3：品牌质量承诺行为有助于提高客户满意度水平。

（二）信息分享

信息分享是指关键的、专有的信息被沟通给其供应链伙伴的程度。自19世纪中后期信息经济学在市场研究领域兴起，信息不对称理论一直是学者们关注的热点问题之一。孙洪杰和陈治宇（2009）通过对品牌的文化塑造、符号标注和质量承诺三种功能的研究指出，利用多种创新性途径实现质量承诺功能有助于克服产品质量的信息不对称性，促进了产品质量信息的传递和分享。克里斯托弗·莫伯格等（Christopher R. Moberg et al., 2002）认为信息分享对任何供应链管理都是关键因素。有研究者指出，在全球化的市场中，制造企业、供应商和客户之间的信息共享有利于企业获取更好的绩效（Cheung M S et al., 2010）。信息分享通过使组织可靠地交货和向市场介绍产品，导致了高水平的供应链协同，有质量的信息分享积极贡献了客户满意度和伙伴质量（蒋晓荣、李随成，2011）。随着服务业务的增加，客户越来越多地参与到服务过程中，企业与客户之间的信息交流增加，信息共享扮演着越来越重要的角色（李海涛等，2013），且众多的研究提出信息技术和信息分享能够很大程度上促进供应链企业的绩效水平，如涂建明（2009）对上市公司信息披露与财务绩效关系的研究表明，信息披露与公司的经营业绩、资产管理效率和财务风险具有显著的相关性。据此，提出以下假设：

H4：信息分享对提高客户满意度有积极作用；

H5：信息分享对提高企业财务绩效有积极作用。

（三）客户满意度

客户满意度，也叫客户满意指数，是客户对产品或服务的期望值与实际体验之间的匹配程度，产生于20世纪80年代初期美国电话电报公司（AT&T）的管理实践，并于20世纪90年代中期在我国的大型跨国公司得到迅速而广泛应用。它具有一定的主观性，既与消费者自身条件如收入、知识和经验、生活习惯和价值观念有关，也与传媒新闻及市场中假冒伪劣产品等的干扰因素相关。传统经济学观点认为，信息分享水平的提高有助于沟通客户对产品和服务的了解，通过改变其期望值，实现顾客期望和实际感知水平的匹配度。《哈佛商业评论》（*Harvard Business Review*）指出，顾客忠诚每提高5%，企业利润的上升幅度将达到25%~85%。此外，赵丽等（2011）对中国制造企业绩效影响因素的研究也表明，客户服务水平对企业财务绩效具有显著正向影响。因此，提出以下假设：

H6：客户满意度对企业财务绩效有正向作用。

（四）企业财务绩效

企业财务绩效是一个企业实现任务目标的直接反映。相关研究主要集中于供应链整合、企业社会责任、信息技术应用、客户关系治理与企业财务绩效的关系层面。作为企业绩效的重要度量，学界对企业财务绩效的测量维度也不尽相同，一些学者考虑了市场份额、利润率、固定资产回报率等指标（Wilson and Collier，2000；Douglas and Judge，2001）；还有一些学者同时考虑了产品/过程质量绩效及库存绩效指标（Kaynak H，2003）。我国学者赵丽等（2011）参照国外研究者（Beamon，Frohlich and Westbrook）的观点，从投资回报率、销售利润率、市场占有率、利润及销售额增长五个方面对财务绩效进行了测量。总之，作为社会发展中不可或缺的一部分，企业的存在极大地带动了经济发展和区域物质文化交流，关于企业财务绩效的研究也一直会是学者们关注的热点问题。

（五）品牌承诺实施的调节效应研究

学者孙洪杰等（2009）认为，品牌承诺功能就其本质来说就是对产品质量信息不对称的克服，虽然通过品牌、认证等信息，企业可以向市场交易者发出质量承诺，保证自己的产品或服务具有一定的品质，但在交易者购买了产品后，若发现产品没有承诺的好，交易者就会降低其市场评价，并通过个人社会网络传播该种评价（马维胜，2005）。可见，品牌承诺实施在品牌承诺与客户满意度之间发挥着重要作用。根据市场营销理论，当交易者关于某产品或服务的实际消费体验与所收到的感知信号完全匹配时，会形成较高的客户满意度，并慢慢发展为顾客忠诚。但若企业发出了关于产品或服务的承诺信号却没有严格执行，则会增大市场交易者对该产品的感知期望与真实体验间的差距，即获得相当低的满意度。虽然该效应在消费实践领域已经有迹可循，但查阅发现，目前尚没有学者在市场分散、竞争激烈的农产品供应链领域进行过实证研究。因此，笔者拟通过对农产品供应链的实证研究，探究品牌承诺实施对农产品品牌承诺与客户满意度之间的调节效应情况。

二、理论模型

根据以上理论分析和假设结果，本章从供应链角度出发，建立了品牌承诺与农业企业财务绩效之间关系的概念模型，从实证研究的角度论证了品牌承诺对财务绩效的影响机理，具体如图 6 - 1 所示。

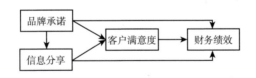

图 6 - 1　品牌承诺与农业企业财务绩效关系概念模型

三、研究设计

（一）数据来源

根据团队成员近两年在国家自科基金研究中积累的实地调研资料，盐城市农业发展水平位居全国第三，截至 2014 年拥有登记专业合作社 8668 个，年销售 500 万元以上的农产品加工企业 1672 个，以东台市农业发展程度为最好。课题组在盐城市委农办的协助下，分两个阶段对盐都区和东台市部分农民专业合作社和农业企业等展开调研，历时 3 个月共调查了 250 多家单位，收回有效问卷 183 份。样本基本特征如表 6 - 8 所示。

表 6 - 8　　　　　　　　　样本及访谈情况描述性统计

经营时间	比例（％）	主营业务	比例（％）	访谈情况	人数（人）
3 年以下	45.4	农产品生产	63.9	合作社理事（长）	17
3～5 年	47.0	农产品加工	30.6	企业管理人员	3
6～8 年	4.9	农产品批发零售	5.5	乡镇/村委管理者	5
8 年以上	2.7	其他	—	技术员	2

资料来源：由一手调研材料统计后获得。

（二）变量测量

鉴于目前尚无学者进行过品牌承诺与农业企业财务绩效关系的实证研究，本书品牌承诺指标的测量变量主要根据农产品供应链企业特点，在前人定性研究基础上整理开发而来，其他测量变量主要根据已有研究而来。此外，课题组成员还广泛听取了农产品物流领域 5 位学者、2 名盐城市农委负责人和 10 位农业合作社理事及企业管理人员的意见，在此基础上对初始问项进行修正，问卷设计采用了 Likert 5 级量表，其中 1~5 提供了从"完全不同意"到"完全同意"共五个备选项，3 表示"不确定"。

（1）品牌承诺。本书主要结合朱纪明（2012）和克里斯托·博肖夫等（Christo Boshoff et al.，2000）学者对产品质量信号和服务承诺的研究界定，从产品承诺和服务承诺两个维度对品牌承诺进行考察，共 2 个题项。

（2）信息分享。关于信息分享的测量，本书沿用了色诺芬·库夫特罗斯等（Koufteros X et al.，2005）的做法，从企业内部各部门间的信息分享、与上游供应商和下游客户的信息分享水平三个方面出发，共计 3 个测量题项。

（3）客户满意度。查阅相关文献不难发现，学者们对客户满意度的研究成果较多，根据研究对象差异，所采用的测量方法也不尽相同。本书根据安迪·杨（Andy C. L. Yeung，2008）的研究选择了顾客抱怨、客户关系和品牌忠诚共 3 个测量题项。

（4）财务绩效。对财务绩效的测量，参考了龚凤美等（2007）的做法，选择资产回报率、投资回报率和销售增长率三个测量指标，共 3 个题项。

（三）信度和效度检验

本研究借助统计软件 SPSS16.0，运用 Cronbach's α 一致性系数检验问卷信度，结果显示各变量的 Cronbach's α 系数均大于 0.65，符合内部一致性标准。运用 KMO 样本测度法和 Bartlett 球度检验法对问卷各量表进行因子分析，各变量的 KMO 值均大于 0.6，且 Bartlett 球度检验相伴概率小于 0.05，各变量的累积方差贡献率均大于 50%，满足效度要求。此外，通过结构方程检验，各测量变量的路径系数均大于 0.5（见图 6-1），也说明本次调查的信效度良好。

四、实证分析

（一）结构方程模型分析

在上述信度和效度分析的基础上，应用结构方程模型分析软件

Amos17.0，采用极大似然估计法对所构建的理论模型进行假设检验，所得的农产品供应链中企业质量承诺与财务绩效之间的整体结构方程模型及路径系数如图6-2所示。从模型的各项拟合指数（见表6-9）可以看出，结构模型与调查样本数据拟合较好。

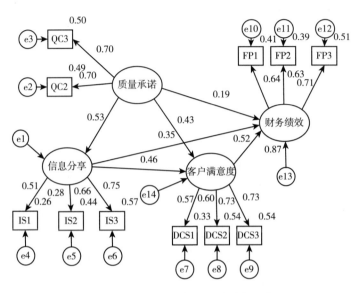

图 6-2　结构方程模型拟合路径系数

表 6-9　　　　　　　　　　　结构模型拟合结果

统计检验量	χ^2/df	P	RMSEA	RMR	GFI	AGFI	IFI	CFI
适配标准	<3	>0.05	<0.08	<0.05	>0.90	>0.90	>0.90	>0.90
拟合值	1.090	0.324	0.022	0.013	0.960	0.931	0.994	0.994

资料来源：SPSS16.0统计输出。

从结构模型的路径分析结果（表6-10）不难发现，假设H1未通过验证，但假设H2~H6均获得了支持。即：农产品供应链中企业的质量承诺行为对财务绩效没有直接显著影响，质量承诺对信息分享和客户满意度均具有显著正向影响，信息分享对财务绩效有显著正向影响，客户满意度对财务绩效有显著正向影响。显然，质量承诺行为对农产品企业财务绩效有显著间接影响。

表 6 – 10　　　　　　　　　假设验证情况

	假设		路径	路径系数	C. R	P	结论
H2	信息分享	<---	质量承诺	0.532	4.392	***	支持
H4	客户满意度	<---	信息分享	0.458	3.660	***	支持
H3	客户满意度	<---	质量承诺	0.428	3.305	***	支持
H6	财务绩效	<---	客户满意度	0.516	3.082	**	支持
H1	财务绩效	<---	质量承诺	0.185	1.422	0.155	不支持
H5	财务绩效	<---	信息分享	0.353	2.632	**	支持

　　注：以上为标准化路径系数，*** 表示 P < 0.001，** 表示 P < 0.01。
　　资料来源：SPSS16.0 统计输出。

（二）基于品牌承诺实施的多群组分析

　　本书参照贡文伟和张蓉（2013）的方法，借助软件 SPSS 中的 K-mean 聚类分析方法进行样本聚类，其中类别 1 共 75 个，且均值小于类别 2，代表品牌承诺未严格实施；类别 2 共 108 个，代表品牌承诺实施较严格。以品牌承诺实施情况为调节变量，选择预设模型作为多群组分析模型，结果如表 6 – 11 所示。其中 P = 0.119，$\chi^2/df = 1.194$，RMR = 0.019，GFI = 0.922，IFI = 0.965，RMSEA = 0.033，模型通过适配度检验。

表 6 – 11　　　　　　　　多群组分析路径系数及显著性

组别	路径系数
质量承诺未严格实施	0.115
质量承诺较严格实施	0.798 **

　　注：** 表示 P < 0.01。
　　资料来源：SPSS16.0 统计输出。

　　多群组分析结果显示，品牌承诺未严格实施的企业，其品牌承诺对客户满意度的影响路径系数为 0.115，t 值为 0.631 < 1.96，未通过显著性检验，说明此类企业品牌承诺对客户满意度没有正向影响。而在品牌承诺较严格实施的子样本中，企业品牌承诺对客户满意度的影响路径系数为 0.798，t 检验值为 2.976 > 1.96，说明当企业严格执行品牌承诺时，承诺对客户满意度有积极影响。因此，品牌承诺实施对农产品供应链上企业的品牌承诺行为与客户满意度之间有显著调节效应。

五、主要结论

本书从实证研究的角度讨论了农产品企业品牌承诺行为对财务绩效的影响，将以上假设检验结果对应到本章所提的问题中，可得到以下4个结论。

（1）品牌承诺作用于企业财务绩效的第一条路径为"品牌承诺—信息分享—财务绩效"，即农产品供应链上相关企业的品牌承诺行为可以通过影响供应链信息分享水平作用于财务绩效。品牌承诺行为的实质是向市场交易者传达了关于产品质量或服务的进一步信息，减少了信息不对称性，较高的信息分享水平为供应链企业的沟通与决策提供了便利，有利于增加成员企业的市场反应速度，继而反映在财务状态上。

（2）品牌承诺作用于企业财务绩效的第二条路径为"品牌承诺—客户满意度—财务绩效"，即农产品供应链上相关企业的品牌承诺行为可通过提高客户满意度间接改变企业财务表现。通过调查数据发现，大部分企业都比较重视品牌承诺兑现，这与诚信经营的整体市场环境有关。当农产品供应链企业发出品牌承诺信号，并有能力实施该品牌承诺时，有利于提高交易者的客户满意度，形成相对稳定和谐的合作伙伴关系，对企业的财务绩效有显著的正向作用。

（3）品牌承诺行为作用于企业财务绩效的第三条路径为"品牌承诺—信息分享—客户满意度—财务绩效"。由于农产品所具有的生鲜特性，相对于普通工业品和日用消费品，其在物流环节面临更多的风险，且随着食品安全问题频发，消费者对绿色有机农产品的需求异常强烈，而农产品供应链的信息分享行为有效提高了交易透明性，市场参与者能够获得更多有关产品质量、服务和品牌等的信息，大大减少了信息不对称带来的客户感知期望严重偏离实际体验的情况。较高的客户满意度对提高农产品供应链上各参与企业的整体绩效作用显著。

（4）当品牌承诺实施作为调节变量时，品牌承诺实施水平低的农产品企业，其品牌承诺行为对客户满意度没有显著正向影响；而品牌承诺实施水平高的企业，其品牌承诺行为对客户满意度影响显著。可见品牌承诺实施在农产品品牌承诺与客户满意度之间起着重要的调节作用。因此，农产品供应链企业不仅要重视品牌承诺，更要关注承诺实施兑现情况，诚信经营可以为农产品企业带来持续竞争优势，更好地提高财务绩效。

第三节　结果分析

根据上述实证研究结论，政府和农业企业在进行农业品牌建设时主要可以从以下几个方面考虑提高经营绩效。

（1）培育企业品牌，树立良好形象。农业龙头企业要想在市场上占有一席之地，不仅要关注产品的质量、包装等，还要注重农产品品牌的培育，通过营业推广、公共关系等手段对品牌进行一系列的维护和巩固，牢固地树立起品牌在消费者等心目中良好的形象。同时，政府也可带领中小型农业龙头企业探索可共享的区域品牌，为中小型农业龙头企业节约人力物力资源，实现农业龙头企业之间的信息共享、品牌溢出。

（2）加强政府扶持力度，鼓励企业研发创新。研发投入是提升农业龙头企业经营绩效的关键因素，通过加大研发投入，可以有效改善企业的农产品质量和劳动生产效率，帮助企业从劳动密集型向资本密集、知识密集型转变，使经营绩效的增长不再简单依赖劳动力投入。因此，不仅政府要加强对农业龙头企业的扶持力度，企业的领导人也应重视企业的研发投入。为了使扶持资金能够被有效使用，政府可以对农业龙头企业采取一定激励政策，如企业利用政府资助的第一笔经费取得成果之后（成果指取得某种技术专利或可以提企业绩效的管理方法等），企业可以申请更高级别的经费资助等。

（3）积极引进农业人才，提高行业的智力资源水平。政府要制定合适的人才引进机制，为引进人才提供资金扶持、平台建设等保障，通过引进人才来改善本土农业创新型人才不足的现状，提高农业龙头企业的技术创新能力，帮助企业向资本密集型、知识密集型企业转变。同时，农业龙头企业可与高校、研究所之间形成良好的科研合作关系，共同推动农业龙头企业技术成长。

（4）完善企业与农户的利益连接机制，带动高质量的农户。尽管数据显示我国农业龙头企业带动的农户数在逐年递增，但是合同履约率依旧较低，单方或双方违约的情况不容忽视。研究实例中管理较为规范的品牌企业，其带动的农户不易毁约、生产积极性高，且能显著有利于影响企业绩效的增长。因此，我国农业龙头企业需推进与农户的合作，规范合同签订的条例，注重保障农户的权益，使带动的农户不仅呈现"高数量"，也呈现"高质量"。

（5）提高农产品企业的信息传递意识，实现交易者对生产者的甄别。在生产者众多、品牌集中度较低的农产品消费领域，品牌承诺行为有助于企业的自动分层和优胜劣汰，即质量水平较低的企业由于无法进行品牌承诺或兑现，自然而然地从众多生产者中沉淀下来，实现了消费者对优质企业和产品的信息甄别。企业进行质量承诺可以通过标签、品牌、质量认证、保险、服务保证等多种形式实现。尤其是市场对绿色产品、有机产品需求强烈的现在，如果一个企业能够获得绿色认证，并将其传递给消费者，必将为企业赢得较好的竞争优势。此外，还要增加农产品供应链上的信息共享水平，提高企业协作性和对市场的快速反应能力。农产品供应链上信息的共享不仅包括产品质量服务信息的共享，还包括交易信息、物流信息、客户信息等多种相关信息。企业之间共享客户需求信息，可以减少生产的盲目性；共享交易及市场信息，可以有效应对突发事件，最大限度降低交易损失。

（6）品牌承诺实施不仅需要行业自律，还需要政府监管。企业都具有一定的逐利性，以利润最大化为目标，市场上对产品或服务虚假宣传、夸大事实的情况屡见不鲜，受虚假承诺吸引而购买产品的消费者有时并不能及时发觉产品存在的问题，一旦问题暴露，不仅会打击消费者对该企业和产品的信心，甚至会影响整个行业乃至政府相关部门的公信力。因此，品牌承诺的实施不能仅靠企业和行业自律，政府必须加大查处、打击和处罚力度，有效规制市场行为，为企业的健康发展和市民消费创造良好的市场环境。

第七章 推进江苏农业品牌强省建设的战略思路及对策研究

当前，制造业、服务业已成为江苏高质量发展的主引擎，相比之下，尽管江苏省农业产值居于全国前列，但和工业、服务业相比其重要性往往容易被忽视，农业品牌建设起步晚、但发展速度快。从面上数据来看，广东在农业品牌建设方面欲"走在全国前列"，山东农业品牌建设立"四个一"目标，这为江苏农业品牌建设提供了良好的借鉴。

第一节 指导思想

在构建双循环、推动新发展的背景下，提出以习近平新时代中国特色社会主义思想为指导，深入贯彻落实五大发展理念和《省政府关于促进乡村产业振兴推动农村一二三产业融合发展走在前列的意见》精神，坚持"两个率先"原则，推进江苏农业高质量发展，挖掘江苏农业及农产品核心价值和文化内涵，以"好品种""好品质"为依托，打造"好品牌"。遵循"品牌强农、营销富民"发展理念，以塑造江苏农业形象品牌为基，以建设区域公用品牌为纲，着力培育一批品牌战略明晰、品牌管理体系健全、品牌建设成效显著的农业龙头企业，高质量打造"品质生活·苏新消费"的农业品牌标识，加快推进农业供给侧结构性改革，扩大农产品中高端供给，建立健全农业品牌培育、保护、评价和发展体系，推动江苏从农业大省向农业强省转变。

第二节　基本原则

坚持品质与效益相结合。坚持质量第一、效益优先，对农产品的种植（养殖）、收购、深加工、包装、检验、销售等各个环节实施严格的质量标准，严把农产品质量安全关。

坚持特色与标准相结合。立足江苏资源禀赋和产业基础，充分发挥标准化的基础保障、技术引领、信誉保证作用，突出区域农产品的差异化优势，以特色塑造品牌的独特性，以标准确保品牌的稳定性。

坚持传承与创新相结合。农业品牌建设要在传承中创新，在创新中传承，既要保护弘扬江苏农耕文化，延续品牌历史文脉，又要着力增强自主创新能力，与现代元素充分结合，提升产品科技含量，增强品牌国际竞争力。

坚持市场主导与政府推动相结合。发挥好政府与市场在品牌培育中的作用，强化政府服务意识，加强政策引导、公共服务和监管保护，为品牌发展营造良好环境。要发挥行业组织的作用，强化农业企业主体地位，弘扬企业家精神，激发其品牌创造活力和发展动能。

第三节　重点目标

根据品牌农业建设需要，坚持"两类"兼顾，把区域公用品牌和各地特色农产品品牌联动推进，着力打造以区域公用品牌为龙头，以企业产品品牌为主体，以绿色优质农产品为基础的农业品牌体系。

一、长期目标

未来 5~10 年，建立起完善的农产品品牌培育、发展和保护体系，形成标准化生产、产业化运营、品牌化营销的现代农业发展新格局，率先建成全国领先的品牌农业强省，培育出一批"中国第一，世界知名"的农业品牌。

二、中期目标

争取到 2025 年，结合江苏农业资源产业优势，培育粮食、蔬菜、水产、禽畜、种业、苗木花卉、茶叶、果品和休闲农业九大区域产业品牌。针对每种特色或优势农产品确定一个发展方案，集中力量重点培育，明确主要目标市场，选择一批农业龙头企业，推广一套实用技术，制定一揽子针对性扶持措施，实施品牌带动策略，尽快形成一批具有国内竞争力和国际影响力的优势农产品品牌。

三、短期目标

力争到 2022 年，全省培育年销售额超亿元的区域公用品牌 30 个、年销售额超 5000 万元的企业产品品牌 300 个。重点打造 20 个国家级特色农产品优势区，打造产业规模超 100 亿元的区域公用品牌，统一形象标识，面向全国集中推介，推动外循环；深挖江苏文化、资源和产业优势，做好"特"字文章，形成一批全国影响力大、区域特色明显、国际竞争力强、文化底蕴深厚的省级农业品牌，促进内循环。

第四节　关键举措

一、实施环境改良工程，塑造区域形象品牌

一是深入推进土壤、水质等全面环境改良工程，打造"绿水良田、生态江苏"的区域农业发展形象。二是以政府为主导，充分利用各类媒体的力量，拍摄纪录片，开展形象宣传。在双循环背景下，立足省内市场增加品牌曝光率，借助省内媒体及自媒体平台开展宣传推广，策划品牌营销事件，如品牌宣传语大众评选、品牌名称征集、转发品牌宣传片点赞集门票等。同时，开展省外市场营销，主办和参加各类国内外品牌专业展会、节庆活动。三是建立农业品牌建设和环境保护的良性互馈机制，实现农业品牌和区域形象的可持续发展。

二、加强质量建设，夯实农业品牌培育基础

一是以国家农业可持续发展试验区为抓手，大力削减化肥、农药、兽药、渔药施用量，资源化利用畜禽粪污、秸秆、农膜等农业废弃物，积极推行绿色生产方式，强化品牌农业"绿色印象"。二是大力推进品牌农产品标准化生产，从产地环境、生产过程、产品质量全流程监控，对已认定的品牌农产品开展动态监管，建立准入退出机制。三是完善农业品牌信用分类管理，开展农产品"创牌立信"，强化品牌主体自律意识。四是继续完善品牌农产品质量安全溯源体系建设，基本实现产品"带证上网、带码上线、带码上市"，实现"从田头到餐桌"全程可视化。

三、突出主攻点，培育农业品牌建设主体

一是加大农业引智力度，实施农业领军型人才创新创业扶持计划和农业领军企业招商引资，加强与农业科研院所、高校合作，形成农业科技创新高地。二是做大做强生产技术型、专业经营型和社会服务型农业人才队伍，为农业品牌建设发展培养后继力量。三是按照产业为基础、品牌为纽带、政府购买服务为手段的思路，组建覆盖全省的实质运营的行业协会，切实发挥农业行业协会对区域农业品牌创建、维护、营销和人员培训的建设性作用。

四、促进农业产业融合，打造一批区域公用品牌

一是积极发展地理标志、绿色和有机农产品，挖掘特色农产品资源，建立分门别类的区域特色农产品品牌联盟。通过特色农产品产业的"接二连三"，实现特色农产品生产、加工、销售、服务等纵向产业链上的协同发展，或实现特色农产品不同业态上的横向交叉链上的共生发展，增加特色农产品相关主体的收入，达成特色农产品产业的提质增效与区域经济可持续发展。二是以技术渗透、制度创新为产业融合动力，以利益共享为纽带，通过产业联动、产业集聚，带动资源、技术、要素、市场需求的整合和优化重组，提高品牌农产品附加值，

进而达到特色农产品产业链和价值链延伸、特色农产品产业功能扩展的目的，最终形成新技术、新业态和新商业模式，实现农民增收、农业增效和农村繁荣的品牌农业经营方式。

五、推动区域农业企业集群化，做大产品品牌

一是在区域公用品牌基础上，推动区域农业企业集群化发展，在集群内培育龙头，一方面通过大企业的示范带动效应，推动品牌农产品标准化和研发技术增值；另一方面通过区域农业企业集群与物流业的共生发展，提高品牌农产品辐射范围，扩大品牌农产品影响力和知名度。二是围绕农业产业集群，强力推进现代农业园、农产品加工集中区、农村一二三产业融合发展先导区等各种园区建设，同时加快有效整合，发挥好集群内企业的互补、叠加和放大效应。

六、制定一揽子针对性的品牌营销推广方案

按照"统一规划、统一形象、统一推介"的原则，制定江苏品牌农产品针对性的一揽子营销推广方案。一是进行消费者市场和消费渠道细分，借助电视、流量直播平台、热门景点、车站、展示展销中心、连锁店、主流超市、电商网络和自媒体等渠道覆盖全国网络。二是借助专业连锁店和京东特色馆等线上线下渠道设立江苏特色品牌农产品交易平台，大力推进江苏品牌农产品质量安全追溯，强化品牌议价能力。三是借助"一带一路"发展机遇大力实施江苏名牌农产品国际市场拓展工程。

七、建立健全农业品牌管理、维护和评价标准体系

一是深入推进江苏品牌农产品质量标准的制定和修订工作，建立分门别类的农产品品牌管理体系（生产、加工、物流和质量检测认证体系），建立健全质量监管和品牌维护体系，完善品牌农产品维权制度。二是在全省范围内开展特色农产品及农业品牌的挖掘、遴选和培育工作，建立科学的农业品牌评价体系，推出一批具有国际竞争力的区域公用品牌、适应国内外市场需求的知名农业企业产品品牌。

第五节　发展路径

一、推动农业产业集群与物流业共生发展

通过推动江苏农业产业集群与物流业的共生发展，打造农业企业/产品品牌。农业产业集群的业内分工和专业化运作，可以催生配套农资物流、农产品物流和冷链物流企业；通过专业化的农业物流企业带动农业企业产品服务高质量发展、提高市场满意度、消费者认可度，增加品牌辨识度。

（一）农业产业集群的概念

农业品牌形成与发展过程中的相关支持性产业在特定农区内大量集聚，形成了特色农业产业集聚区，汇聚了农业上下游产业以及其他相关产业，这些产业由涉农企业、农户（农场主）、各类中介机构等主体构成。特色农业产业集聚区的形成与发展为农产品品牌的创建提供了必要的基础（吴菊安，2009）。

1. 涉农企业

涉农企业是农产品贸易区域品牌形成过程中的主体之一，是构建区域品牌的核心。特别是区域内的一些龙头企业通过"公司＋基地＋农户"等模式，将分散经营的农户组织起来，促使农资供应、农产品生产和流通环节中的各个主体相互合作，不断提升特色农业产业的集聚程度，增大特色农业产业链的产品附加值，提高整体品牌价值，从而获取规模效益和品牌效应（黄蕾，2009）。在一家或多家龙头企业的带动下，各类农资供应类企业、农产品生产和销售类企业等相关产业在区域内集聚，使得该区域成为某类农产品的主要供应地，其影响范围和知名度逐步扩大，就形成了在市场上与其他同类农产品区分开的标志，即形成了农产品品牌。

2. 农户（农场主）

农户是农产品的直接生产者，只有区域内众多农户共同生产某类

农产品，才能保障该类农产品的大规模化产量，才能为农产品贸易区域品牌的发展奠定实物基础。

3. 农业中介机构

各类商会、行会、农民专业合作社、农业协会等中介机构在农产品贸易品牌发展过程中拥有不可或缺的中介地位。借鉴国内外成功的经验可知，各类中介机构不仅为品牌建设搭建了良好的平台，其本身也是区域品牌的经营与管理者。以中介机构为核心所形成的正式网络结构能使其成员更多分享规模效应和外部经济所带来的利益（刘婷，2014）。各类中介机构通过在品牌整合、行业服务、行业协调、提供信息、对外沟通以及促进成员间的协作行为等方面发挥积极作用，能够促使农产品贸易区域品牌不断发展成熟。

（二）农业产业集群与物流业共生发展对农业品牌化的影响

当区域农业产业集群形成后，区域农产品物流需求、农资物流需求均得到提高，规模效益吸引配套的涉农物流企业落户。此时，区域农业企业集群与配套物流企业围绕物流供给和需求实现良性共生，区域内的资源要素、技术要素和人才要素重构，农产品销售质量和服务保障水平比较分散的农产品物流均有所提高，对农业企业品牌建设具有整体价值溢出效应（见图7-1）。

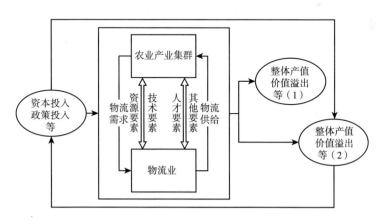

图7-1　农业产业集群与物流业共生发展的品牌溢出效应

农业产业集群作为农产品品牌的载体，应根据市场需求整合农业生产、加工、仓储物流、市场营销、售后服务等方面的资源，做好计划、协调、监督和控制等各个环节的工作，形成一体化产业链，通过集聚、竞争、合作、学习和创新机制进行价值链体系建设，为消费者提供物有所值的农产品，将其所蕴含的利益、价值、属性、文化等内在要素表现为对购买者提供的品牌价值和承诺，从而形成高知名度、高美誉度的农产品品牌，获得市场的支持和保护。

二、推动特色农产品产业融合发展

通过推动江苏特色农产品产业融合发展，打造农业区域品牌。农业品牌建设的重点是特色农产品产业融合发展。促进特色农产品产业的融合，大力发展特色农产品精深加工业以及其他新业态，实现特色农产品集约化、规模化、标准化生产以及农业品牌化、现代化发展，进而能够有效推动江苏农业品牌强省建设。本章基于江苏特色农产品产业融合发展基础，深入剖析特色农产品产业融合内涵，引入 PSR 模型（压力–状态–响应模型）以探析特色农产品产业融合、推动农业品牌强省建设的机理，并分别从要素创新驱动、协同互动驱动、政策引导驱动三方面，提出以特色农产品产业融合促进江苏农业品牌强省建设的驱动机制，最终推进江苏农业品牌强省建设。

（一）特色农产品产业融合与农业品牌强省建设的关系

1. 特色农产品产业融合的内涵

特色农产品是指某地特有、独有的，具有显著的地域特色或某地特别著名的初级农产品（种养产品）。特色农产品通常基于特有的品种、生产环境、种养方式或营销手段产生，具有独特的品质，特殊的功用价值，特别的生产历史和文化内涵，较高的经济效益等属性，而这些特色也是农业品牌的内涵之所在。

产业融合是一种由于技术、制度创新等因素作用而产生的不同产业或同一产业不同行业相互渗透、相互交叉，最终逐渐边界模糊、融合为一体，形成新产业的动态发展过程，包括技术融合、产品融合、制度融合等。

特色农产品产业融合发展是指特色农产品生产、加工、销售、服务等纵向产业链上的协同发展，或实现特色农产品不同业态上的横向交叉链上的共生发展，增加特色农产品相关主体的收入，达成特色农产品产业的提质增效与区域经济可持续发展。因此，将特色农产品产业融合定义为：各类特色农产品经营主体以特色农产品产业为基本依托，以技术渗透、制度创新为产业融合动力，以利益共享为纽带，通过产业联动、产业集聚，使特色农产品产业与第二第三产业紧密相连、协调发展，并带动资源、技术、要素、市场需求的整合集成和优化重组，进而达到特色农产品产业链和价值链延伸、特色农产品产业功能扩展的目的，最终形成新技术、新业态和新商业模式，实现农民增收、农业增效和农村繁荣。

2. 两者关系辨析

特色农产品产业融合发展与农业品牌发展之间相互作用、相互影响。一方面，特色农产品产业融合促进着农业品牌化的发展，是农业品牌强省建设的重要路径之一；另一方面，农业品牌强省建设也会反过来对特色农产品产业融合发展提出要求，具体关系如图 7－2 所示。

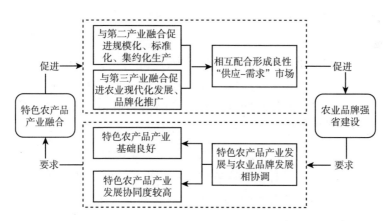

图 7－2　特色农产品产业融合发展与农业品牌强省建设之间的作用关系

资料来源：笔者自绘。

3. 特色农产品产业融合是农业品牌强省建设的重要路径

特色农产品本身是农业品牌打造的物质基础，特色农产品的产业融合则是农业品牌价值和竞争力提升的关键。农产品的品质、品种、特色决定了特色农产品的最终形态，这些特点、特色也构成了农业品牌的内涵。一方面，通过对具有特殊品种、优秀品质、地域特色等的特色农产品进行包装、塑造、推广等一系列品牌打造手段，促进产品溢价、提升品牌价值、创造无形资产。另一方面，通过对特色农产品产业的投资建设和发展，促进特色农产品产业"接二连三"，即与第二产业、第三产业深度融合发展，以"一产基础、三产引流、二产变现"的发展模式，实现品牌的推广、品牌竞争力的提升、无形资产的转化。

首先，特色农产品产业融合能够通过融合第二产业，促进特色农产品的精深加工，实现集约化、规模化、标准化生产，持续输出标准一致、低成本、产量充足的特色农产品，为品牌打造提供坚强产品后盾。其次，通过融合第三产业，促进农业旅游、农业教育、乡村旅游等新业态的形成，创造营销新平台、新形式，将消费者带入农村或将产品和品牌带到城市，缩短品牌与消费者之间的时空距离，实现产品、品牌与消费者的近距离接触，为品牌推广提供强有力的产业后盾。最后，通过如此"接二连三"的产品生产、品牌打造和推广，提升品牌无形资产，促进品牌效益转化，进一步提高农业品牌竞争力，建设农业品牌强省。

4. 农业品牌强省建设对特色农产品产业融合的要求

农业品牌强省建设体现在农业品牌价值的提升以及效益的转化两方面。一方面，农业品牌的打造对农产品的品质、品种、特色程度有较高要求，只有打造"有特色的"农产品品牌，才更容易创造无形资产，提升农业品牌价值；另一方面，农业品牌的推广对农产品产业融合度要求也较高，只有基于特色农产品产业，实现产业深度融合，发展农村电商和乡村旅游等新业态，才更容易实现农业品牌效益转化，将无形资产转化成有形资产。

首先，农业品牌强省建设要求特色农产品产业基础良好。基于特色农产品产业，逐渐扩大生产规模，提升产量，形成良好的产业基础，大力发展加工企业、原料供应企业、经销商贸企业、物流服务企业、金融保险企业等。其次，农业品牌强省建设要求特色农产品产业协同发展程度较高。参差不齐的产业发展是一二三产业融合发展的制约因素之一，特色农产品的三次产业发展不协调会出现各种问题，例如冷链物流配套设施的缺乏导致农产品资源的浪费。最后，农业品牌强省建设也要求特色农产品产业融合与品牌发展相协调。特色农产品产业融合发展缩短了产品与消费者的距离，实现了农业品牌效益转化，但是过于超前的特色农产品产业融合发展或农业品牌的营销和推广造成了产业发展"一头热"的窘境，例如品牌推广到位但是却缺乏规模化产品供货，规模化产品供货却缺乏消费市场。

（二）特色农产品产业融合推动农业品牌强省建设的机理分析

PSR 模型即压力–状态–响应模型（Pressure-State-Response Model），是经济合作与发展组织（OECD）所提出的复合系统评价模型，能够反映子系统之间的相互作用关系，表达系统的内在运行动力机制，在社会、环境、经济、农业等领域都有广泛的应用（唐建、彭珏，2009）。PSR 框架包含 3 个相互联系、相互作用的部分，分别是压力、状态和响应，压力反映变化的原因，状态反映系统的变化，响应反映相关主体为做出变化所采取的对策（唐萍萍等，2014）。

本章借助 PSR 模型来分析特色农产品产业融合推进农业品牌强省建设的作用机理。具体来讲，特色农产品产业融合发展会对农业品牌的发展形成一定促进作用，在这种推动作用下，农业品牌发展会表现出一定的状态，这种状态将会传导到政府主体，促使其做出一些行为反应，以加强特色农产品产业融合对农业品牌化的促进作用，进而推进农业品牌强省建设，具体的 PSR 模型如图 7–3 所示。

1. 压力分析

特色农产品产业融合对农业品牌强省建设的推动作用体现在以下几个方面。

第一，特色农产品产业融合的规模。江苏省的特色农产品产业融合深度与广度不断增强，融合的规模逐渐扩大，已形成了特色农产品

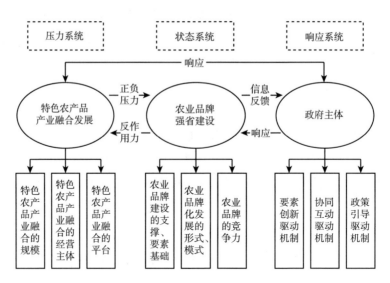

图 7 – 3　特色农产品产业融合推动农业品牌强省建设的 PSR 模型

资料来源：笔者自绘。

加工业、休闲农业、设施农业、特色农产品电商业、特色农产品生态农业等多类代表性产业，多种新兴产业和业态使得特色农产品生产集约化、规模化、标准化，也带动了产品销售和品牌营销，促进品牌推广便利化等。例如，2019 年，通过休闲农业的开发，江苏已建成规模休闲观光农业园区景点 7200 多个，全省休闲农业综合收入超过 680 亿元，接待游客 2.3 亿人次，[①] 如此体量的游客近距离接触当地的特色农产品品牌，也会促进农业品牌效益转化；通过电商农业的开发，江苏省农产品网络销售额超过 626 亿元，同比增长 30% 以上，[②] 如此形式创新的农业电子商务和网络销售，实现了对消费者的引流以及品牌口碑的积攒。

第二，特色农产品产业融合的经营主体。特色农产品产业融合的经营主体是促进产业融合、提升农产品附加值、实现农业品牌化发展的中坚力量（潘修扬等，2017）。特色农产品产业融合的经营主体同时

---

① 江苏省农业农村厅，http://nynct.jiangsu.gov.cn/art/2018/1/15/art_12433_7386628.html.

② 搜狐网，https://www.sohu.com/a/398073008_754786.

也是农业品牌强省建设的经营主体，主要包括家庭农场、农业专业合作社、农业大户及小户、农业龙头企业、新兴农业社会化服务组织等。江苏省的特色农产品产业融合的经营主体逐年壮大，2018 年，江苏的农民专业合作社总数达 10 万家，创建国家示范社 500 多家，居全国第 2 位；[①] 2017 年，江苏省县级以上农业产业化龙头企业有 7465 家，其中 736 家省级以上龙头企业交易额超 7000 亿元，净利润逾 180 亿元，带动省内农户 660 多万户，占全省总农户数的 46.8%；[②] 2019 年，全国 31 个省（区、市）中农业产业化龙头企业 500 强中江苏入围企业最多；截至 2020 年，江苏省供销合作社系统拥有农业社会化服务组织 795 个，现代农业综合服务中心 138 个，实现全省农业社会化服务面积 57 万公顷。[③] 越来越多的劳动力、人才、技术和工商资本流向了特色农产品的生产、加工、流通以及旅游等经营业务中，通过规模化、集约化、标准化生产降低特色农产品的成本并增加附加值，并通过创新产品和品牌的推广、营销手段提升特色农产品的美誉度、认可度和口碑度等，实现特色农产品品牌化发展。

第三，特色农产品产业融合的平台。特色农产品产业融合平台也是进一步发展农业品牌多种形式和模式的基础。江苏已经有 11 个国家级特色农产品优势区，其中包括邳州银杏、阳山水蜜桃、宝应荷藕、东台西瓜等区域农业产业品牌，在这些特色农产品优势区，农产品加工产业园、现代农业产业园、特色农产品示范区、"一村一品"示范村镇等特色农产品产业融合平台建设正在有序推进，为当地农业产业融合向纵深延伸提供支撑载体，为农产品的市场化、现代化发展提供发展基础，进一步为农业品牌化发展提供平台。从数据来看，江苏省级农产品加工集中区有近 50 家，聚集了全省近 1/4 的规模以上农产品加工企业，除了农产品加工业，产业链向后延伸，建有融合物流、旅游、零售等产业的国家级农业产业化示范基地 18 家、全国一村一品示范村

① 江苏省农业农村厅，http：//coa. jiangsu. gov. cn/art/2018/11/12/art_11977_7877507. html.

② 江苏省人民政府，http：//www. js. gov. cn/art/2018/8/21/art_64347_7790712. html.

③ 江苏省人民政府，http：//www. jiangsu. gov. cn/art/2021/6/16/art_81590_9850070. html.

镇 97 个、国家级现代农业示范区 17 个、省级现代农业产业园区 112 个、外向型农业示范区 9 个、苏台农业合作园区 14 个，这些产业融合平台的逐渐完善，为农业品牌强省的建设奠定了基础。

2. 状态分析

特色农产品产业融合发展对农业品牌化产生了相应的影响，促成了农业品牌建设的现实状态，主要呈现以下态势。

第一，农业品牌建设支撑和要素基础。特色农产品产业融合的规模化发展是农业品牌建设的支撑和要素基础。特色农产品产业融合的规模化发展催生了多种多样的新业态、新产业，在发展的过程中，逐渐积累了农业品牌发展的相关要素，例如特殊的生产工艺和技术、优秀的人才、完善的基础设施设备、充足的工商资本、充沛的物质资源、积淀的历史乡土文化和农耕文化等要素，积累了农业品牌强省建设的必备支撑基础，具有多元化的要素基础才能打造相应的农业品牌。现实生产实践中，江苏既存在较为成功的农业品牌的发展典型案例，例如东台西瓜品牌的塑造，其基于优越的土壤条件、日照时间、气候条件以及深入挖掘的七仙女种仙瓜、范仲淹以瓜孝母等历史故事，并不断研究开发口感更好的西瓜品种，在产销体系上面也下足功夫，通过要素的积累，最终打造了东台西瓜品牌。但也存在品牌和产品同质化竞争严重的现象，例如多地的基于特色农产品的休闲旅游农业的单一化和同质化现象，千篇一律地使用观赏和采摘等噱头，缺乏对多种农业品牌发展基本要素的深入挖掘和积累，导致形态单一、价值低、效益转化效果不好等不成功农业品牌的产生。

第二，农业品牌化发展模式。特色农产品产业融合的平台完善和多元化是农业品牌发展和模式创新基础。一方面，形成不同的农业品牌发展模式。例如"区域农业产业品牌＋农产品品牌""区域农业形象品牌＋农产品品牌""区域农业形象品牌＋农业企业品牌"等发展形式，这些农业品牌发展模式由地方政府背书，进一步推广地方特色农产品品牌，同时也带领农业企业品牌发展。另一方面，形成了不同的农业品牌发展模式。例如政府建立特色农产品生产、加工、旅游的园区平台，支撑了以政府、行业协会为主导，其他相关加工企业、服务配套企业辅助的农业品牌发展模式；农业龙头企业建立园区兼生产基地的平台，支撑了企业主导，政府、行业协会、农户辅助的农业品牌发展模式。虽然农业品牌发展模式多样，但是均离不开农业品牌经营主体协同发展，也离不开特色农产品产业融合经营主体的坚强后盾。特色农产品产业融合的经营主体也是农业品牌强省建设的经营主体，其协同发展是形成成熟完善的农业品牌形式和模式的基础，是推动农业品牌建设的关键。农业品牌经营主体的协同发展是指逐渐壮大的经营主体最终走向协同发展之路，从而发挥组织、带动、引领作用，提升农业品牌的经营能力，促进农业品牌强省的建设。

第三，农业品牌的竞争力。特色农产品产业融合发展的先进程度是农业品牌竞争力的间接体现，而农业品牌的竞争力主要体现在本身农业品牌的效益转化能力、市场价值、市场认可度、美誉度、口碑度等多个方面。通过特色农产品产业融合提升农产品精深加工能力，并通过农业旅游、乡村农家乐、农业教育等促进特色农产品品牌推广，提升特色农产品的品牌竞争力，提高品牌的市场认知度、美誉度和认可度。以2019年中国区域农业品牌影响力排行榜（110强）为例，山东省以20个区域品牌名列第一，福建省以11个区域品牌名列第二，浙江、四川各10个区域品牌名列第三，江苏居于其后。江苏拥有农业品牌的种类和数量均较多，据统计，截至2018年，全省无公害、绿色、有机农产品总数已达1.8万个，居全国首位，农产品地理标志产品34个，省级名牌农副产品200多个，品牌农产品种类基本覆盖了所有农业产业领域，虽然取得了显著的经济和社会效益，但是仍不可否认江苏省是农业品牌大省而非农业品牌强省这一事实。

3. 响应分析

响应是指政府通过推动特色农产品产业融合发展，从而促进农业品牌强省建设所实行的政策措施，即做出的反应。政府主体可以以要素创新、协同互动、政策引导等机制来实现这一影响和促进的过程，进而通过特色农产品与相关产业融合发展来促进农业品牌强省建设。要素创新机制是指通过提高要素质量，创新基本要素，从技术、人才、资源、科研、文化等多重要素基础出发，促进特色农产品产业融合的规模扩大，进而发展农业品牌，深化农业品牌内涵，提升农业品牌价值；协同互动机制是指通过加强制度设计，对多经营主体进行引导，实现协同互动发展，实现"1＋1＞2"的最终效果，将"大"的特色农产品产业融合经营主体转化成"强"的农业品牌建设经营主体，从而稳固农业品牌发展；政策引导机制是指通过做好顶层设计，加强政府的政策倾斜和支持协助，引导江苏农业区域发展多样化特色农产品产业融合平台，从而促进不同形式、不同模式的农业品牌发展，走多元化的创新之路，实现品牌推广、培育、维护一体化运行。

（三）农业品牌强省建设下的特色农产品产业融合制度要求

本章主要从要素创新、协同互动、政策引导驱动来探讨特色农产品产业融合推动农业品牌强省建设的驱动机制。

1. 要素创新驱动机制

一方面，是展开物质资源、农业条件、农耕文化等的要素创新或深入挖掘。基本物质资源禀赋、地理条件、气候条件、文化底蕴、历史故事是自古以来积淀而成的，这些基本要素也深深地烙印在特色农产品上。要想通过特色农产品产业融合来推进农业品牌强省建设，就要从根源上对基本要素进行深入挖掘和创新使用，从而实现有底蕴、有规模、有特色的农产品产业融合，基于此打造品种独特、质量优秀、底蕴浓厚、故事积淀的农业品牌。另一方面，是展开种养人才、农耕技术、科研等的要素质量提升及创新。人才、技术、工艺、科研等的积累和创新，是促进特色农产品产业融合走创新之路、多元化道路的根本，同时也是农业品牌核心竞争力的所在。因此，以人才培养和引进、工艺和技术传承和创新、科研合作和开发来发展特色农产品产业融合多形式、多业态，进而打造具有核心竞争力的农业品牌。

2. 协同互动驱动机制

一方面，实现横向产业的集群共生发展。横向的同类型产业、企业的集群共生能够集约要素、实现规模化、发挥虹吸效应，从而为特色农产品产业的融合发展提供产业和企业基础，吸引资金、人才、技术等要素，进而实现农业品牌的集中打造、推广、营销和维护，保证

"力往一处使"，实现品牌投入产出最大化。另一方面，是实现不同层次、不同功能的产业发展的互动、协同。基于某一特色农产品产业，依托当地各种资源和文化底蕴，促进特色农产品的供应、生产、加工、流通、销售一体化发展，促进不同功能产业互动、协同发展，从而实现特色农产品精深加工、休闲农业、旅游业等业态发展，用产业融合的方式打造农业品牌。

3. 政策引导驱动机制

政府不仅要通过以上两点驱动机制促进农业品牌强省建设，而且要通过政策引导、激励、奖惩、监管等建设农业品牌强省。一方面，是通过政策引导和激励，扶持不同特色农产品产业融合平台的搭建，为农业品牌发展模式提供基础，促进相应农业品牌发展模式的探索创新。主要是通过政策引导社会资金、人才、技术等向农业产业融合方向发展，扶持各种特色农产品产业融合平台的搭建，为经营主体共同打造农业品牌提供政策条件。另一方面，通过政府的奖惩、监管等，为农业品牌发展保驾护航，严防假冒伪劣对真正的农业品牌造成损害，实现美誉度、认可度、口碑度提升。主要是通过监管并实行奖惩机制，维护农业品牌的发展，通过时间的积淀，实现相应农业品牌口碑的积攒，从而实现品牌价值和效益的转化，将农业品牌无形资产转化成有形资产，反哺特色农产品产业融合发展。

第六节　推进江苏农业品牌强省建设的对策建议

一、深挖江苏"特"色，塑造品牌内涵

坚持因地制宜，充分利用江苏农业基础好、文脉传承广等优势，走出一条符合江苏实际的农业品牌发展特色之路。一要挖掘产地特色（见表7-1），包括历史故事、水土特点、人文景观等，为农产品赋予丰富的人文内涵。二要突出产品特色，包括营养、绿色、口感、外观

等，如高邮双黄咸鸭蛋、阳澄湖大闸蟹可主推丰富的营养价值。三要融入个性和技术特色，包括生产加工过程、现代化技术应用等。学习湾仔码头水饺和老干妈辣酱等品牌，彰显个人创业经历和制作工艺故事的感染力。四要探索特色发展模式，如农产品连锁经营模式（以百果园为代表）、特许加盟模式（如雨润专卖）和专业化经营模式（如三只松鼠坚果），塑造品牌内涵、提升品牌形象。

表7-1 　　　　　江苏历史上人文底蕴深厚的特色农产品

地区	城市	农业品牌	历史典故
苏南	南京	雨花茶	唐代陆羽在《茶经》中描述，晋元帝时有一老妇人提壶卖茶并将获得的钱分给穷苦的人，官府知道后将其关押，第二天老妇人消失了
		盐水鸭	南京盐水鸭制作历史悠久，又名金陵桂花鸭。春秋战国时期，南京即有"筑地养鸭"的记载。六朝时期，南京就有了鸭馔的制作，盐水鸭在当时已颇具盛名
	苏州	洞庭山碧螺春	相传有一尼姑上山游春，摘其泡茶，脱口而出"香得吓煞人"，由此称为"吓煞人香"，清朝康熙为其赐名并成为清宫贡茶
	无锡	宜兴红茶	东汉年间于汉家史书中得名；三国时期兴盛于江南；唐朝年间誉满天下，众多诗文大家为期撰文；明清时期成为百姓人家生活必需品
	常州	溧阳白芹	南宋时期溧阳人开始栽培芹菜，清代文渊阁大学士史贻直向乾隆推荐后成为"贡菜"
	镇江	金山翠芽	茶文化遗产丰富，留下众多诗词、典故
苏中	泰州	靖江香沙芋	栽培时间始于南宋初期
	南通	如东狼山鸡	1872年英国商人在南通狼山附近购买的黑鸡肉质鲜美，由于忘记问名字，后直接称为"狼山鸡"
		海门山羊	早在唐代，句容一代居民携原籍白山羊迁入崇明岛
	扬州	扬州老鹅	扬州老鹅是淮扬菜里的一道特色名菜，历史悠久。在清代，扬州地方官员用盐水鹅招待康熙和乾隆二帝受到赞誉，从此名扬天下。在扬州，几乎每个小区门口都有一个卖鹅摊点
		绿杨春	仪征产茶历史悠久，早在唐宋时期就成为名茶产区之一，所产茶叶在宋代被列为贡品

地区	城市	农业品牌	历史典故
苏北	淮安	洪泽湖大闸蟹	洪泽湖大闸蟹背面有字母"H"的形状，相传，为了表彰鳌蟹治水有功，大禹将形似"H"的"耙"赐予鳌蟹用来镇压洪泽水怪
	宿迁	丁嘴金菜	从汉代开始种植，栽培加工制作工艺已流传1800多年
	盐城	射阳大米	民国时期张謇创办垦殖公司，屯民挖渠
		东台西瓜	七仙女偷仙瓜种子种植于人间，以缫丝井水浇灌，西瓜甜爽可口；范仲淹以皮薄瓤脆的西瓜孝顺母亲
	连云港	赣榆梭子蟹	苏轼在《丁公默送蝤蛑》中对其详细描写，表现出对梭子蟹喜爱
	徐州	邳州银杏	最古老的银杏树龄近1500年，可追溯至汉代之前，清末民初发展进入鼎盛时期，用于售卖或易物
		邳州白蒜	始于汉，盛于元，东汉兖州刺史李恂将其作为礼物下赠

资料来源：笔者调研并整理。

二、推动打造大品牌，做好资金引导

一要按照党中央国务院决策部署，因地制宜大力推进品牌农业发展，以"大品牌"引领全省现代农业发展。江苏农业品牌建设要重点围绕优质稻米、特色蔬菜、应时果茶、苏系优质畜禽、大闸蟹、小龙虾等优势产业扶强扶优，打造出更多大品牌。二要注重发挥智库专家作用。建立农业品牌与市场营销专家库，发挥外脑和智库专家优势，加强品牌理论研究，探寻农业品牌培育新方式新模式新路径。三要发挥地方政府资金的引导作用，扶持区域公用品牌塑造，并做好后续的品牌管理和维护。各级政府要将农产品区域公用品牌建设纳入当地社会经济发展规划，围绕品牌建设出台土地、金融、税收、物流、冷链等扶持政策，将扶持品牌发展作为财政支农的一项重点内容，支持一批区域公用品牌培强做大。积极发挥财政资金的引导作用，研究采取多元化财政融资模式，吸引金融、社会资本共同参与，为农业品牌建设提供更多更有效资金，真正实现"品牌强农、营销富民"的目的。

三、做好多渠道推广，扩大品牌影响力

品牌建设的成功与否不仅要看产品质量的好坏，营销推广的力度和效果也尤为关键。农业品牌强省建设必须重视营销对品牌的助推作用，一要持续不断地宣传推介品牌，借助节日庆典、农产品博览会、展销会等渠道，利用新兴技术手段，持续不断进行广告宣传和品牌推介，精准提升消费者认可度和忠诚度。切实加强"淮味千年""连天下"等在当地起到一定引领作用的区域公用品牌，做到统一包装、统一形象、统一标准、统一组织参加国内外重点展会等工作，让其品牌形象更加深入人心。在高铁站和机场等重点场所设立品牌宣传广告，提高品牌知名度。二要策划事件营销，举办更多诸如评选"江苏省十强农产品区域公用品牌"等活动，设计消费者亲自参与评选的网络投票环节、点赞评奖等。一方面能够让消费者更深入地认识和了解品牌，另一方面也为培养忠实消费人群，引导消费趋势，提高市场占有率创造条件。

四、提高规模化程度，加快产业融合

一要扶持龙头企业的规模化，尽可能地为农业生产主体的壮大提供资金技术指导。支持农业龙头企业升级改造，鼓励农业龙头企业发展壮大，对符合农业龙头企业升级改造的项目，以贷款贴息形式给予一定程度的奖补。二要引导新型经营主体与农民建立契约型、分红型、股权型合作模式，大力推广"公司＋合作社＋农户""公司＋种养小区＋农户""公司＋专业村＋农户""公司＋订单＋农户"等联农带农模式，让广大农民在产业发展中同步受益、同步提升、同步发展。三要继续鼓励农业龙头企业牵头组建联结紧密、资源共享、产业链长、带动力强的农业产业化联合体，发挥章程的规范约束作用，将农业龙头企业与农民专业合作社、家庭农场、种养大户等经营主体有机结合，形成独立经营、共享发展的整体。四要推进特色产业与品牌融合发展。各地要将农产品区域公用品牌建设与特色农产品优势区创建紧密结合起来，着力实现"创建一个特优区、打造一个强势品牌、建设一个特色市场、培养一批技能人才，富裕一方农民群众"的发展新格局。

五、推进标准化工作，强化部门监管

坚持质量是品牌的基础，着力打造江苏农业全流程、现代化标准体系。一要推进生产过程的标准化。鼓励龙头企业、行业协会分别制订企业标准、行业标准，引导生产经营主体严格对照标准组织生产，全力保障品牌农产品的优良品质。要改变我省目前农业生产过程标准化工作主要集中于农田稻麦、鱼池水产和畜禽养殖方面的格局，扩大标准化建设涉及的农产品种类。二要推动物流的标准化，包括产品分级包装标准化、装卸和运输过程的规范化等，确保农产品从出厂到包装、仓储、运输全流程高效规范。三要加快质量管理的标准化，包括建立完善的产品分级分类标准和质量安全追溯体系等，尤其需要覆盖众多产品分级和质量追溯仍尚未起步的小规模生产者。四要建立健全农业品牌监管机制，加强执法监管，严守质量安全底线。加快推进追溯体系建设，加大国家农产品质量安全追溯平台建设推广应用，强化监管工作技术支持和科技创新，实施全程管控。

六、加强仓储物流建设，提高储存运输水平

大力发展仓储物流，扩大销售辐射范围。仓储物流是拓宽销售渠道的关键，江苏各地应充分分析本地发展仓储物流的优劣势，有针对性地加强仓储物流建设，为农产品的销售和品牌建设扫除障碍。一要建设充足的冷库等冷链硬件设施，并对落后设施进行维护和更新，提高冷链物流标准化程度。二要充分考虑各地市的交通、区位情况，做好冷链物流整体规划，加强仓储保险和冷链物流建设。三要加快形成江苏省农产品物流指标评价体系，降低农产品流通成本，提高流通效率。

七、注重企业市场主体发展，完善部门协作机制

一要注重发挥政府推动和企业作为市场主体的作用。政府要承担农产品区域公用品牌建设主导大任，但推广和使用区域品牌的核心是企业，承担市场风险的最终还是企业，政府推动代替不了企业的主体

经营。处理好区域公用品牌与企业品牌的关系，创新运作管理机制，一方面发挥政府推动作用，打造强势公用品牌；另一方面注重培植出一批区域公用品牌授权企业"领头羊""生力军"。二要针对一些农业品牌建设与运营周期长、内容多、跨部门和长期性、系统性工作特征，注重形成工作合力，发挥政府牵头作用，多部门联动，建立联席会议制度。三要引导农业品牌建设科技投入，注重形成品牌农产品自主知识产权，提升品牌实力。四要协同推动各地市农业科技系统创新体系建设，搭建一批农业科技创新合作平台；推进农业科技推广服务体系建设，每年开展一批关键核心技术攻关，集成一批先进适用科技成果，打造一批农业科技创新与示范推广载体，调动相关各部门和资源力量，指导经营主体诚信经营，合力推动农业品牌做强做大。

八、重视品牌人才培养，加大引智力度

一要发挥江苏高等教育资源优势、提高人才培养适用性。如以国家乡村振兴战略为契机，加强政府基层人才需求与高校人才培养目标的契合性，推动农业技术推广和农业经济管理等相关学科培养方案调整。鼓励高校学生进入农业基层部门实习实践，支持农业人才紧缺地区增加定向委培计划。通过增加多种形式的人才引流方案，缓解部分农业产业和地区人才紧缺问题。二要发挥江苏智力资源优势、提高人才跨界流动性。如吸收工业企业家进入农业品牌协会任职。通过引入不同背景的专业人士，将品牌打造和品牌营销的先进理念引入农业品牌管理领域，拓展农业品牌建设视野。鼓励高校相关专业教师深入农业基层部门挂职锻炼，既能为农业品牌发展提供智力支持，又能通过锻炼熟悉农业基层知识需求，反哺教学，提高人才培养针对性。三要借助新型职业农民培训、提高人才继续教育灵活性。如将农业品牌建设成功案例融入新型职业农民培训，提升新型农业经营主体的农业品牌意识。开展专门的农业品牌管理和品牌营销知识培训，提高新型农业经营主体对农业品牌管理的参与度，唤醒农业公用品牌打造的主人翁精神。将不同产业、不同行业农业品牌建设目标与地方特色相结合，因地制宜、分类施策，提高不同地区新型职业农民培训中农业品牌建

设内容的实效性。四要建立农业人才成长机制，提高人才发展可持续性。如建立健全特色农业专业人才技能评价和现代学徒制，扶持优势农业产业和稀缺农业技术人才发展。完善农业管理人才发展通道，将农业管理人才个人发展与品牌协会绩效考核挂钩，吸引更多优秀人才进驻农业领域。重视农业人才队伍精神激励，制定优秀农业技术和管理人才的跨行业和跨区域共享交流机制。

结　语

　　建设农业品牌强省是实现农业对外贸易繁荣、乡村振兴和全面小康的重要途径。2012 年以来，党和政府对农业品牌建设持续表达了高度重视，并出台相关规划和意见。可以说，农业品牌建设契合农业高质量发展和乡村振兴的需要，是消费结构升级和城乡一体化的必经之路，也是解决农产品滞销问题、建立消费信任的关键。优秀的农业品牌建设可以推动现代农业的进一步发展，不仅可以满足消费者更高水平的需求，提升地方影响力，而且体现了国家治理能力现代化水平。

　　江苏作为沿海经济强省和农业大省，整体发展水平全国领先，虽然农产品品类品牌多样，但缺乏成型的全国甚至国际领先的农业品牌，农业品牌建设还有待发展。在对现有相关研究进行梳理的基础上，笔者对农业品牌建设进一步进行学理性阐释，明确了农业品牌的内涵、理论基础、宏观要求和制度逻辑，并进一步对江苏农业品牌建设现状、问题、发展要求进行分析。随着省政府对农业品牌的高度重视，目前江苏省品牌农产品种类齐全，农业品牌建设成效显著，省内农业品牌价值和影响力显著提升，同时国家级特色农产品优势区数量居于全国前列，此外，省内农业品牌保障机制逐渐完善，品牌建设基础支撑逐渐稳固。然而，通过对苏北、苏中和苏南典型城市的农业产业品牌和企业品牌的实地调研分析，笔者发现虽然目前江苏各地都拥有带有地方特色、已经形成一定规模和口碑的优质农产品产业和企业，综合来看还存在品牌数量和影响力不足、规模化和集群化不成熟、品牌监管不到位以及产业技术研发滞后等深层次问题。追根溯源，这些问题也揭露出江苏省内部资源禀赋意识不强、品牌推广扶持力度不够、现代营销技术缺乏、品牌质量不过硬、政策体系不完善以及农业技术人才少的短板。要弥补这些短板，建设农业品牌强省，就需要加大财政投入，提高产业规模化、机械化，增加科技投入，促进产业融合，同时强化部门监管，通过多渠道宣传共同塑造大品牌。

在农业强省建设过程中，分析借鉴国内外农业品牌建设的典型案例，并结合自身实际寻找适配性的发展路径是非常必要的。值得借鉴的区域农业产业品牌例如日本的松阪牛、呼伦贝尔草原羊肉，区域农业形象品牌例如新西兰乳业、寒地黑土，农业企业品牌例如新西兰佳沛奇异果、百果园水果连锁，农产品品牌例如日本越光米、猕宗绿果，虽然其品牌故事、品牌培育创建历程和营销维护手段各有不同，但其中也存在共性。通过分析成功案例，笔者发现农产品的产品质量是建设品牌核心竞争力的基础，这就要求企业具有完善的质量标准体系、可靠的质量可追溯体系、严格的认证制度和评级标准以及稳定的科技创新投入，在保证产品质量和升级的基础上，深挖区域历史文化、企业文化、农产品背景文化并形成特有的文化标识，构成农产品品牌建设的核心竞争力。同时，政府的支持和推动、可持续发展意识、营销模式和手段以及产权保护等是其发展的助推器。当然，由于不同地区市场环境、发展基础、资源禀赋以及产品的特殊性等具有较大差异，农业品牌建设也需要结合自身实际，明确品牌建设运营主体、品牌诞生和运作模式、品牌核心定位以及最后的质量监管检测认证主体。

为了进一步寻找符合江苏实际的农业品牌提升路径，笔者在对国内外农业品牌建设典型案例调查梳理的基础上，将一手调查资料和二手数据相结合，采用扎根理论进行农业品牌建设影响因素的探索性分析，以此发掘农业品牌建设的核心要素和一般模式。研究发现，农业品牌建设的影响因素复杂，具体可分为农业品牌建设参与主体和要素两大维度，并以此细分为 12 个影响因素，其中，质量和标准化组合是农业品牌建设中最为关键的组合要素，是农业品牌建设的重要抓手。进一步对不同条件组合路径进行分析提炼，得出四种具有代表性的农业品牌建设模式，即政府推动型、龙头企业主导型、企业和协会联动型以及政府和协会引领发展型农业品牌建设模式。在具体建设过程中，还需要把握好农业品牌建设的"主体-要素"互动逻辑，在品牌建设开始、发展、成熟等各阶段，明确阶段性建设主体和对应推动的核心要素和保障性要素，灵活把控。

值得一提的是，农业龙头企业在农业品牌建设过程中发挥着举足轻重的作用，作为农业产业化经营的组织载体，农业龙头企业承接了农业品牌建设的经济重任和社会责任，党中央也发布了"扶持农业产业化就是扶持农业，扶持龙头企业就是扶持农民"的政策理念，因此，笔者以龙头企业为研究对象，深度探索分析了品牌视角下农业企业经营绩效的影响因素以及品牌承诺对农业企业经营绩效的影响机理。在品牌视角下，本书研究发现农业龙头企业经营绩效的增长主要依赖于企业规模和研发投入，其中品牌企业更偏重研发投入，且带动农户数也对其有显著影响，而非品牌企业更倚重企业规模以及劳动力密度。在品牌承诺视角下，通过引入结构方程模型，最终得到品牌承诺作用于企业财务绩效的 3 条路径，研究也表明品牌承诺实施在农产品品牌承诺与客户满意度之间起着重要的调节作用。综合以上研究，可以获知政府和农业企业在进行农业品牌建设时可以考虑积极引进农业人才、增加研发投入、生产高质量农产品的同时，完善企业与农户的利益连接机制，带动更多高质量生产商进行农产品生产，并提高农产品信息传递意识，积极向消费者提供质量承诺，进而形成品牌效应。政府监管、政策推动和多样的营销手段也是打造企业品牌形象的重要手段。

综合来看，要推动江苏实现从农业大省到农业强省的转变，需要以习近平新时代中国特色社会主义思想为指导，深入贯彻落实五大发展理念和《省政府关于促进乡村产业振兴推动农村一二三产业融合发展走在前列的意见》精神，坚持"两个率先"原则，固守品质与效益相结合、特色与标准相结合、传承与创新相结合以及市场主导与政府推动相结合四个原则，合理规划并完成阶段性目标，力求最终建成全国领先的品牌农业强省，培育出一批高水平的、全球知名的农业品牌。其中关键举措总结为 7 条：（1）实施环境改良工程，塑造区域形象品牌；（2）加强质量建设，夯实农业品牌培育基础；（3）突出主攻点，培育农业品牌建设主体；（4）促进农业产业融合，打造一批区域公用品牌；（5）推动区域农业企业集群化，做大企业产品品牌；（6）制定一揽子有针对性的品牌营销推广方案；（7）建立健全农业品牌管理、维护和评价标准体系。

　　主要实施路径分为推动农业产业集群与物流业共生发展和推动特色农产品产业融合发展两类。其中，农业产业集群与物流业共生发展需要协调好涉农企业、农户以及农业中介机构的主体责任，围绕物流供给和需求实现良性共生，实现各要素重构；而特色农产品融合发展作为农业品牌价值和竞争力提升的关键，通过其产业融合规模、经营主体以及平台推动第二、第三产业顺利融合，通过要素创新、协同互动以及政策引导驱动主力产业融合。基于以上关键举措和实施路径，笔者结合江苏省实际，最终提出江苏农业品牌强省建设的8条建议：（1）深挖江苏特色，塑造品牌内涵；（2）推动打造大品牌，做好资金引导；（3）做好多渠道推广，扩大品牌影响力；（4）提高规模化程度，加快产业融合；（5）推进标准化工作，强化部门监管；（6）加强仓储物流建设，提高储存运输水平；（7）注重企业市场主体发展，完善部门协作机制；（8）重视品牌人才培养，加大科技投入。

　　放眼全国，在农业品牌建设方面，山东省、广东省的建设已经较为成功，江苏省具有良好的自然资源禀赋、产业基础以及教育资源等优势，同时有成功建设经验作为参考，建设成为农业品牌强省具有坚实的现实条件和理论基础，但仍然需要在建设过程中保持谦虚谨慎，并完善阶段性建设成果反馈机制。

参 考 文 献

［1］阿荣．关于内蒙古呼伦贝尔草原纯绿色畜牧业产业市场的开发对策思考［J］．中国市场，2015（1）．

［2］曹花蕊，郑秋莹，韦福祥．管理者服务质量承诺影响顾客感知服务质量的路径模型［J］．物流技术，2012，31（12）．

［3］曹立群．舟山特色农产品区域品牌建设研究［D］．舟山：浙江海洋大学，2017．

［4］陈磊，姜海，孙佳新，马秀云．农业品牌化的建设路径与政策选择——基于黑林镇特色水果产业品牌实证研究［J］．农业现代化研究，2018（2）．

［5］陈丽莉．关于黑龙江农产品品牌竞争力的思考［J］．农场经济管理，2008（3）．

［6］陈令军，马山水．构建基于文化的农产品品牌研究［M］．北京：经济科学出版社，2010．

［7］陈秋珍，John Sumelius．国内外农业多功能性研究文献综述［J］．中国农村观察，2007（3）．

［8］陈义国，马志勇．基于产品质量策略性行为的进入壁垒研究［J］经济评论，2010（3）．

［9］程宏伟，张永海，常勇．公司 R&D 投入与业绩相关性的实证研究［J］．科学管理研究，2006（3）．

［10］崔剑峰．发达国家农产品品牌建设的做法及对我国的启示［J］．经济纵横，2019（10）．

［11］崔茂森．山东省农业品牌建设中存在的问题与对策［J］．青岛农业大学学报（社会科学版），2010（2）．

［12］董亚宁，顾芸，杨开忠．农产品品牌、市场一体化与农业收

入增长［J］. 首都经济贸易大学学报，2021（1）.

［13］窦学诚，田少华，王瑞. 基于 FAHP 模型的农业科技园区品牌体系绩效评价研究——以天水国家农业科技园区为例［J］. 资源开发与市场，2021（6）.

［14］冯琨. 新媒体时代农产品品牌塑造研究［J］. 农业经济，2021（7）.

［15］干经天，李莉莎. 论区域品牌农业［J］. 农业现代化研究，2003（5）.

［16］龚凤美，马士华，谭勇. 物流信息能力对供应链绩效影响的实证研究［J］. 工业工程与管理，2007（2）.

［17］贡文伟，张蓉. 外部环境与逆向供应链管理实施、组织绩效关系研究［J］. 工业工程与管理，2013（5）.

［18］郭倩倩，宋敏，周元春，刘丽军. 基于 Interbrand 模型的山西农产品地理标志品牌价值评估研究［J］. 农业现代化研究，2015（3）.

［19］哈丹·卡宾，霍国庆，张晓东. 新疆区域农业品牌价值最大化及其评价指标与模型［J］. 数学的实践与认识，2012（22）.

［20］韩轶强. 乡村振兴战略背景下江苏农产品品牌建设策略［J］. 江苏经贸职业技术学院学报，2020（3）.

［21］郝鑫. 黑龙江省农产品区域品牌效应研究［D］. 哈尔滨：东北林业大学，2015.

［22］洪文生. 产业集群区域品牌建设构想——以"安溪铁观音"为例［J］. 华东经济管理，2005（9）.

［23］胡大立，谌飞龙，吴群. 企业品牌与区域品牌的互动［J］. 经济管理，2006（5）.

［24］胡晓云. 农业品牌及其类型［J］. 中国农垦，2018（5）.

［25］胡正明，蒋婷. 区域品牌的本质属性探析［J］. 农村经济，2010（5）.

［26］黄福江，高志刚. 国内外农业产业集群研究综述与展望［J］. 新疆农垦经济，2016（3）.

［27］黄蕾. 区域产业集群品牌：我国农产品品牌建设的新视角

189

［J］．江西社会科学，2009（9）．

［28］贾伟，秦富．农业龙头企业绩效影响因素的实证分析——基于董事长和总经理合职与分离的角度［J］．中国农业大学学报，2013（5）．

［29］贾永贵，苏红英．新形势下品牌农业发展的意义与对策［J］．现代农业科技，2014（6）．

［30］康传志，王升，黄璐琦，何雅莉，张文晋，马文琪，万修福，王瑞杉，周涛，郭兰萍．道地药材生态农业集群品牌培育策略［J］．中国中药杂志，2020（9）．

［31］冷志明．论品牌农业［J］．生产力研究，2004（10）．

［32］李春霞．农业品牌建设路径与策略探析［J］．滁州职业技术学院学报，2017（2）．

［33］李海涛，李华山，裴学亮，等．制造企业服务增强与企业绩效——信息共享的调节作用［J］．东北农业大学学报（社会科学版），2013，11（3）．

［34］李建军．基于农业产业链的农产品品牌建设模式研究［J］．上海对外经贸大学学报，2015（5）．

［35］李静．农业产业集群的形成机制及社会效应研究［D］．杭州：浙江大学，2015．

［36］李启庚，余明阳．品牌体验价值对品牌资产影响的过程机理［J］．系统管理学报，2011（6）．

［37］梁乐．河南省农业品牌建设研究［J］．郑州航空工业管理学院学报，2015（5）．

［38］刘婷．影响农产品贸易区域品牌发展的因素分析［J］．价格月刊，2014（3）．

［39］刘维尚，刘卓，秦嘉霖．地域文化与农业区域品牌形象 IP 的融合策略研究［J］．包装工程，2021（18）．

［40］刘文军．以农业品牌化助力乡村振兴［N］．黑龙江日报，2018．10.16（007）．

［41］娄向鹏，韩天放．品牌农业：从田间到餐桌的食品品牌革命

［M］．北京：企业管理出版社，2013.

［42］陆国庆．区位品牌：农产品品牌经营的新思路［J］．中国农村经济，2005（5）．

［43］陆萍，陈晓慧．农业产业集群概念辨析、演化特点与发展对策［J］．农业现代化研究，2015（4）．

［44］马维胜．信息不对称、扩散效应与企业的品牌管理［J］．经济经纬，2005（5）．

［45］孟媚．农业品牌的形象设计研究［J］．农业技术经济，2019（8）．

［46］莫金玲．农产品品牌建设——山东平度农产品品牌战略的启示［J］．华南农业大学学报（社会科学版），2006（S1）．

［47］潘修扬，刘悦，柯福艳，汤勇．基于生产侧企业品牌的农业六次产业化2.0战略探讨［J］．浙江农业学报，2017，29（8）．

［48］任荣．关于我国农业品牌战略体系架构的思考［J］．北京农业职业学院学报，2012（3）．

［49］沙米拉·色依提，邓峰．发达国家乳业产业链发展优化及其借鉴［J］．世界农业，2015（4）．

［50］邵文波，匡霞，林文轩．信息化与高技能劳动力相对需求——基于中国微观企业层面的经验研究［J］．经济评论，2018（2）．

［51］沈翠珍．农业名牌战略实现路径研究［J］．经济经纬，2007（6）．

［52］沈鹏熠．农产品区域品牌的形成过程及其运行机制［J］．农业现代化研究，2011（5）．

［53］宋丽影．农产品区域品牌竞争力评价研究［D］．哈尔滨：东北林业大学，2013.

［54］孙洪杰，陈治宇．品牌的质量承诺功能实现的创新策略［J］．重庆文理学院学报（社会科学版），2009，28（5）．

［55］孙丽丽，李富忠．大数据背景下现代农业连锁品牌演化逻辑——基于物流供应链的分析［J］．商业经济研究，2021（3）．

［56］谭娴，刘筱筠，成思思，陈国兰．西南边疆地区农业企业品

牌建设的影响因素与发展对策 ［J］．云南农业大学学报（社会科学），
2020 （6）．

［57］唐建，彭珏．城市带动农村发展绩效评价——以重庆市为例
［J］．农业技术经济，2009 （6）．

［58］唐萍萍，丁晓辉，胡仪元，彭晓邦．劳动力转移促进农村发
展绩效评价研究——基于陕西省的调查分析 ［J］．经济与管理评论，
2014，30 （6）．

［59］涂建明．财务绩效驱动管理层的信息披露吗——来自上市公
司的经验证据 ［J］．管理评论，2009 （9）．

［60］万宝瑞．发展品牌农业要把握的几个问题 ［N］．农民日报，
2017 － 5 － 2．

［61］王保利，姚延婷．如何评估农产品品牌竞争力 ［J］．统计与
决策，2007 （2）．

［62］王策．农业产业集群与农产品区域品牌竞争力提升策略探析
［J］．农家参谋，2019 （2）．

［63］王可山，郝裕，秦如月．农业高质量发展、交易制度变迁与
网购农产品消费促进——兼论新冠肺炎疫情对生鲜电商发展的影响
［J］．经济与管理研究，2020 （4）．

［64］王丽杰．我国农业品牌化发展的方针及对策 ［J］．兰州学
刊，2014 （12）．

［65］王晓华．城镇化背景下农户经营组织化的制度逻辑 ［J］．江
淮论坛，2013 （4）．

［66］王中，卢昆．高端特色品牌农业的基本内涵及其经验启示——
以平度"马家沟芹菜"品牌培育为例 ［J］．农业经济问题，2009
（12）．

［67］吴程彧，张光宇．区域品牌的发展策略 ［J］．企业改革与管
理，2004 （11）．

［68］吴菊安．产业集群与农产品区域品牌建设 ［J］．农村经济，
2009 （5）．

［69］吴群．乡村振兴视域下农业创新发展的主要方向及对策研究

[J]. 经济纵横, 2018 (10).

[70] 吴伟生, 迟云平. "互联网＋"背景下农业企业品牌化建设与管理路径 [J]. 农业经济, 2021 (7).

[71] 向明生. 区域农业产业品牌创建的影响因素及其作用 [J]. 安徽农业科学, 2015 (8).

[72] 肖丽平, 胡春, 王学东. 基于大数据的农业品牌信息数据集模型研究 [J]. 情报科学, 2019, 37 (5).

[73] 肖人荣, 赵鹏军, 戚禹林, 卢业勤. 农产品地理标志品牌的空间异质性特征及其影响因素研究 [J]. 农业现代化研究, 2021 (6).

[74] 谢向英. 全球化背景下的中国品牌农业发展研究 [J]. 科技和产业, 2009 (1).

[75] 徐大佑, 郭亚慧. 农产品品牌打造与脱贫攻坚效果——对贵州省 9 个地州市的调研分析 [J]. 西部论坛, 2018 (3).

[76] 徐洪军. 寒地黑土区域生态农业品牌打造与知识产权保护 [J]. 中国农业资源与区划, 2014 (2).

[77] 徐洪军. 乡村振兴战略下农业品牌建设与知识产权保护研究 [J]. 北方园艺, 2019 (16).

[78] 徐静, 姚冠新, 周正嵩, 韩强, 戴盼倩. 质量承诺对农产品供应链企业财务绩效影响的实证研究 [J]. 工业工程与管理, 2015 (4).

[79] 徐良, 王凯荣, 郑丹. 荷兰农业品牌塑造对中国的启示 [J]. 农村经济与科技, 2015 (10).

[80] 徐栖玲, 常松. 商场服务质量承诺制度作用分析模型 [J]. 中山大学学报 (社会科学版) 蒋晓荣, 李随成. 企业间关系承诺对信息分享的影响研究 [J]. 科技管理研究, 2011 (19): 113 –116.

[81] 徐雪岚. 江苏农业标准化工作的现状及对策研究初探 [J]. 市场周刊 (理论研究), 2012 (12).

[82] 徐振宝, 孙芙, 于雪恒, 康雨亮, 孙强. 品牌农业存在的问题及发展建议 [J]. 现代农业科技, 2011 (21).

[83] 严先锋. 海南省品牌农业发展的现状、瓶颈与对策 [J]. 北方园艺, 2017 (11).

［84］阎寿根．标准化：品牌农业和名牌战略的基础［J］．中国农村经济，2000（9）．

［85］杨本建，黄海珊．城区人口密度、厚劳动力市场与开发区企业生产率［J］．中国工业经济，2018（8）．

［86］杨玉成．实施品牌农业战略 引领现代农业发展［J］．中国合作经济，2016（3）．

［87］姚春玲．基于农产品区域品牌的内蒙古农业产业集群发展策略［J］．经济界，2014（2）．

［88］姚春玲．农业产业集群与农产品区域品牌竞争力提升策略［J］．农业现代化研究，2013（3）．

［89］叶慧，杨海晨．自治州农产品品牌发展现状与提升策略［J］．中南民族大学学报（人文社会科学版），2021（10）．

［90］易正兰．农业产业集群与农业区域品牌互动分析——以库尔勒香梨品牌为例［J］．新疆财经，2009（6）．

［91］尹成杰．新阶段农业产业集群发展及其思考［J］．农业经济问题，2006（3）．

［92］喻建中．农业品牌化和地理标识保护策略——以"麻阳柑桔"注册商标为例［J］．经济地理，2008（6）．

［93］袁政慧．产业集群三维嵌入性与企业品牌竞争力关系研究［J］．当代财经，2016（1）．

［94］张可成，王孝莹．我国农产品品牌建设分析［J］．农业经济问题，2009（2）．

［95］张文超．日本"品牌农业"的农产品营销经验及中国特色农业路径选择［J］．世界农业，2017（6）．

［96］张玉香．牢牢把握以品牌化助力现代农业的重要战略机遇期［J］．农业经济问题，2014（5）．

［97］张月莉，郝放．农业集群品牌营销成功的关键影响因素分析——以黑龙江"寒地黑土"品牌为例［J］．农业经济问题，2013（6）．

［98］张月莉，刘峰．农业集群品牌提升的关键影响因素研究

［J］．经济经纬，2015（1）．

［99］章军．整合优质资源 发展品牌农业［J］．乡镇经济，2007（6）．

［100］赵丽，孙林岩，李刚等．中国制造企业供应链整合与企业绩效的关系研究［J］．管理工程学报，2011（3）．

［101］赵敏婷，陈丹．农业品牌数字化转型的实现路径［J］．人民论坛，2021（36）．

［102］郑风田，顾莉萍．准公共品服务、政府角色定位与中国农业产业簇群的成长——山东省金乡县大蒜个案分析［J］．中国农村观察，2006（5）．

［103］周千惠．基于家庭农场的品牌农业发展研究［D］．泰安：山东农业大学，2019．

［104］周荣荣，王渭，薛燕．我国农业供给质量提升的实证分析——以江苏为例［J］．中共青岛市委党校．青岛行政学院学报，2018（6）．

［105］周亦鸣．农业产业集群的区域品牌战略保护研究［J］．当代经济，2015（15）．

［106］朱洪云．淮安市建设品牌农业的影响因素分析［J］．经济研究导刊，2010（36）：41－42．

［107］朱洪云．淮安市建设品牌农业的影响因素分析［J］．经济研究导刊，2010（36）．

［108］朱纪明，朱纪亮．信息不对称理论与企业质量承诺信号［J］．企业管理，2012（9）．

［109］Aadil Wani. Brand equity dimensions of agricultural products: An exploratory analysis of Saffron［J］. International Journal of Management, Technology And Engineering, 2018.

［110］Alemu G M. Strategic use of branding for competitiveness: The rationale for branding and marketing agricultural products of African countries［J］. Journal of Fair Trade, 2019.

［111］L Bérard, Marchenay P. Lieux, temps et preuves［J］. Terrain, 1995 (24).

[112] Bozgă I, Bozgă A N, Nijloveanu D et al. The role of agricultural consultancy in developing branding strategies for traditional romanian brands [J]. Scientific Papers: Management, Economic Engineering in Agriculture & Rural Development, 2016.

[113] Campbell J M, Bickle M C. Bridging the gap between millennial consumers, social media, and agricultural branding programs: A qualitative assessment [J]. Journal of International Food & Agribusiness Marketing, 2017.

[114] Charmaz K. Constructing grounded theory: A practical guide through qualitative analysis [M]. London: Sage Publications, 2006.

[115] Cheung M S, Myers M B, Mentzer J T. Does relationship learning lead to relationship value? A cross-national supply chain investigation [J]. Journal of Operations Management, 2010.

[116] Christo Boshoff, Janine Allen. The influence of selected antecedents on frontline staff's perceptions of service recovery performance [J]. International Journal of Service Industry Management, 2000, 11 (1).

[117] Douglas T J, Judge W Q. Total quality management implementation and competitive advantage: The role of structural control and exploration [J]. Academy of Management Journal, 2001.

[118] Gary H. Jefferson, Bai Huamao, Guan Xiaojing, Yu Xiaoyun. R&D performance in Chinese industry [J]. Economics of Innovation and New Technology, 2006.

[119] Hana U, Petr R, Lenka K et al. Employer branding in the agricultural sector: Making a company attractive for the potential employees [J]. Agricultural Economics, 2017.

[120] Hecke E V, Mettepenningen E, Huylenbroeck G V et al. Exploring synergies between place branding and agricultural landscape management as a rural development practice [J]. Sociologia Ruralis, 2012.

[121] Innes B G, W A Kerr, Hobbs J E. International product differ-

entiation through a country brand: An economic analysis of national branding as a marketing strategy for agricultural products [J]. Trade Policy Briefs, 2008.

[122] Jefferson G H, Bai H M, Guan X J, R&D performance in Chinese industry [J]. Economics of Innovation and New Technology, 2006.

[123] John J, McConnell and Henri Servaes. Additional evidence on equity ownership and corporate value [J]. Journal of Financial Economics, 1990.

[124] Johnson L D, Pazderka B. Firm value and investment in R&D [J]. Managerial and Decision Economics, 1993.

[125] Jun Sato, Ryo Kohsaka. Japanese sake and evolution of technology: A comparative view with wine and its implications for regional branding and tourism [J]. Journal of Ethnic Foods, 2017.

[126] Kaynak H. The relationship between total quality management practices and their effects on firm performance [J]. Journal of operations management, 2003.

[127] Kery A M, H J Alwardi, Al-Nassr R S. Factors affecting the adootion of selected brands of rice in an Najaf Alashraf pronince for the agricultural season 2017 [J]. The Iraqi Journal of Agricultural Sciences, 2019.

[128] Kontogeorgos A. Brands, quality badges and agricultural cooperatives: How can they co-exist? [J]. TQM Journal, 2012, 24 (1).

[129] Lin X, Huang J, Li X et al. A study on creating agriculture international brands by industrialization: The case of Guanxi pomelo in China [J]. Journal of Management and Strategy, 2017, 8 (2).

[130] Manuel González-Díaz, Marta Fernández-Barcala, B Arruñada. Quality assurance mechanisms in agrifood: The case of the Spanish fresh meat sector [J]. Economics Working Papers, 2003.

[131] Minten B, Singh K M, Sutradhar R. Branding and agricultural value chains in developing countries: Insights from Bihar (India) [J]. Food

Policy, 2013.

[132] Moberg, Bob D Cutler, Andrew Gross, Thomas W. Speh. Identifying antecedents of information exchange within supply chains [J]. International Journal of Physical Distribution & Logistics Management, 2002.

[133] Oliva E, Paliaga M. Research of influence of autochthonous regional products on regional brand-example of the istrian region [J]. Medianali, 2012.

[134] Rainisto, Seppo. Successfactors of place marketing: A study of place marketing practices in Northern Europe and the United States [D]. Helsinki University of Technology, 2003.

[135] Randall Morck, Andrei Shleifer, Robert W Vishny. Alternativemechanisms for corporate control [J]. The American Economic Review, 1989.

[136] Schamel G. Individual and collective reputation indicators of wine quality [J]. Social Science Electronic Publishing, 2000.

[137] Shubhangi Salokhe. Branding of agricultural commodities/products for adding value [J]. AGU International Journal of Management Studies & Research, 2017.

[138] Singh B. Enhancing income of farmers through branding of agricultural produce [J]. International Journal of Applied Research, 2016.

[139] Vonderembse M, Jayaram J. Internal and external integration for product development: The contingency effect of uncertainty, equivocality, and platform strategy [J]. Decision Sciences, 2010.

[140] Wilson D D, Collier D A. An empirical investigation of the Malcolm Baldrige national quality award causal model [J]. Decision Sciences, 2000.

[141] Yeung A C L. Strategic supply management, quality initiatives, and organizational performance [J]. Journal of Operations Management, 2008, 26 (4).